KB044515

마케터의
여행법

일러두기
이 책에 표기된 모든 주가는 2018년 12월 3일 기준이다.

먹거리에서 라이프스타일까지,
파리 사는 마케터의 유럽 마트 관찰기

마케터의
여행법

김석현 지음

넉스톤

마케터는 여행을 가서도
돈을 번다?

어쩌다 보니 계획에 없던 유럽 생활이 시작되었다. 이왕 유럽까지 온 것, 머무르는 동안 유럽 여행을 실컷 하기로 마음먹었다. '소확행' 및 힐링 트렌드와 맞물려 인기 여행지로 재등극한 유럽, 한국에서는 큰맘 먹고 와야 하는 이곳에 왔으니 좋은 기회라 생각했다. 다만 예전처럼 여러 도시를 찍기만 하는 겉핥기 식 여행이 아닌, 한 도시에 오래 머물며 많은 것을 보고, 먹고, 마시고, 느끼는 깊이 있는 여행을 하고 싶었다.

사실 예전부터 유럽 여행은 나 같은 마케터에게는 필수라고 생각해왔다. 마케팅 역량을 키울 수 있는 효과적인 수단이기 때문이다. 마케팅의 본질은 사람들의 소비심리를 자극해 구매로 이어지도록 하는 것이다. 그와 관련된 모든 행위 전반이 마케터의 업무에 해당된다. 그 과정에서 뛰어난 창의력을 바탕으로 새로운 아이디어를 도출하는 사람은 탁월한 마케터로 인정받는다. 하지만 현실적으로 마케팅의 전 과정을 일일이 만들어내려면 경제적, 시간적, 정신적 비용이 너무 높아진다. 그래서 많은 기업들이 해외의 좋은 사례를 가져와 현지화하는 방식으로 비용을 줄이곤 한다. 그러므로 좋은 마케터가 되고자 한다면 여행하며 다양한 마케팅 사례를 직접 관찰하고 수집할 필요가 있다. 그게 바로 마케터의 자산이다.

특히 유럽은 소비의식과 소비 수준이 높은 사회인 만큼 소비 트렌드도 앞서 있다. 이 때문에 나는 파리에 머물며 런던, 밀라노, 암스테르담, 코펜하겐, 스톡홀름, 바르셀로나 등 한국 소비자들이 동경하는 라이프스타일을 향유하는 여러 유럽 도시를 틈나는 대로 여행하곤 했다.

여행을 가면 반드시 들르는 곳이 있다. 마트와 슈퍼마켓 등 식품이 유통되는 곳이다. 현지인들이 먹는 다양한 식품 및 식자재를 구경하고 맛보는 즐거움에다 여행 경비를 줄이는 이점도 있지만, 무엇보다 한 사회의 소비자와 브랜드가 가장 많이 모이는 공간이기 때문이다. 유럽 소비자들이 어떤 식자재를 선호하고 어떤 방식으로 장을 보는지 엿볼 수 있는 것은 물론 제품 포장 및 디자인, 공정무역, PB, 간편식, 유기농, 지속가능성 측면에서 앞서 있는 매력적인 먹거리와 식품 브랜드도 관찰할 수 있다. 신세계 정용진 부회장을 비롯한 한국 경영자들이 지속적으로 유럽을 방문하고 유럽 유통기업들을 벤치마킹하는 이유이기도 하다. 언론 인터뷰나 인스타그램 계정으로 소개되기도 하는 정용진 부회장의 유럽 마트 경험은 노브랜드 전용 매장(독일 알디 및 리들), 피코크(프랑스 삐까), 온라인 전용 유통센터(영국 오카도) 등의 신사업에 반영되었다. 이처럼 유럽 마트는 한국 최고 유통기업의 경영자도 주기적으로 둘러볼 정도로 앞선 소비 트렌드를 경험할 수 있는 공간이다.

유럽 마트 여행의 좋은 점은 또 있다. 앞선 소비 트렌드를 먼저 접함으로써 좋은 투자기회를 찾아낼 수 있다는 점이다. 트렌드를 미리 볼 수 있으면 어떤 기업이 성장할지도 예측할 수 있다. 가령 유럽 마트에서 친환경 식품 소비가 증가하는 흐름을 관찰하고, 이러한 경향이 전 세계로 확산되면 친환경 식품 원료를 생산하는 기업의 가치가 높아질 것이라 예측할 수 있다.

이런 사실을 깨닫고 나니 마트의 식재료와 진열된 식품 브랜드들이 새롭게 보이기 시작했다. 일례로 유럽 마트의 간편식 코너에는 피자가 가장 많다. 이 사실을 남보다 앞서 관찰했기에 한국의 냉동피자 제조업체인 조흥을 한국에 있는 투자가들보다 먼저 눈여겨볼 수 있었다. 요컨대 마케터로서 익힌 소비 트렌드 파악 노하우는 투자에도 상당한 도움이 된다는 말이다.

마침 여행 경비가 슬슬 고민되기 시작할 즈음이었다. 그렇다고 경비를 모으기 위해 지나치게 열심히 일하고 싶지는 않았다. 여행 경비를 벌기 위해 일을 늘렸다가 일에 매여 오히려 여행을 많이 다니지 못하게 되는 부작용을 일본에서 이미 겪어본 터였다. 하고 싶은 일을 하기 위해 하기 싫은 일을 하는 건 내가 바라는 라이프스타일이 아니다. 그런데 내가 좋아하는 마트를 둘러보는 것만으로도 여행 경비 정도는 충당할 만한 투자기회를 발견할 수 있다니, 나로서는 최고 아닌가.

나의 본격적인 유럽 마트 탐방은 그렇게 시작되었다. 여행을 다니면서 더 열심히 유럽 마트를 방문하고, 더 집중해서 먹거리와 마실거리, 소비자, 직원, 설비, 결제수단, 서비스, 광고 등 마트의 모든 것을 관찰했다. 그 결과를 적극적으로 투자에 반영했다. 그렇게 얻은 수익으로 다시 여행을 떠났다. 다시 말해 유럽 여행이 좋아서 투자를 하고, 투자를 함으로써 지속적으로 유럽 여행이 가능한 삶을 살고 있다. 이곳 프랑스 파리에서 말이다.

물론 마케터가 반드시 투자를 알 필요는 없다. 하지만 투자를 알면 더 좋은 마케터가 되는 데 분명 도움이 된다고 생각한다. 예컨대 ROI(Return on Investment, 투자자본수익률)와 같은 투자의 기본 개념을 체득한 마케터는 한층 입체적 관점에서 마케팅에 접근할 수 있다.

무엇보다 자신의 마케팅 업무가 본인과 본인이 속한 부서뿐 아니라 회사 전체, 나아가 경쟁사와 산업 전체에 미치는 결과까지 고려하는 거시적 관점을 갖추게 된다. 그뿐인가. 투자하는 마케터는 브랜드 가치 변화를 읽는 눈이 발달할 수밖에 없다. 기업의 주가는 곧 기업가치이며, 기업가치에는 기업의 주요 무형자산인 브랜드의 가치가 반영되기 때문이다.

이러한 관점에서 마케팅과 투자가 결합된, 약간은 독특한 컨셉의 글을 쓰게 되었다. 이 책은 마케터의 유럽 마트 관찰기이자, 관찰을 통해 소비 트렌드와 투자기회를 발견하는 방법을 알려주는 안내서다. 내 본업이 마케팅인 만큼 이 책에 소개하는 투자 노하우는 일반적인 투자가의 시각과는 상당히 다른, 다분히 마케터의 관점을 담고 있다. 일례로 나는 기업의 가치를 재무 및 회계가 아닌 심리학과 브랜딩의 관점에서 바라보는데, 투자에 관심 있는 사람들이 일반적으로 취하는 접근 방식은 아닌 듯하다. 어느 쪽이 더 우월하다고 할 수는 없지만, 나만의 독특한 프레임이 있다는 것은 때로는 이점으로 작용한다. 남들이 보지 못하는 투자기회를 발견하는, 이른바 역발상 투자로 이어질 여지가 있기 때문이다. 무엇보다 투자 경험이나 재무 및 회계에 대한 지식이 풍부하지 않더라도 쉽게 읽을 수 있다는 강력한(?) 장점이 있다.

책의 1부에서는 소비, 심리학, 브랜딩 관점에서 소비 트렌드를 파악하는 소소한 여행기술, 2부에서는 유럽 마트 및 슈퍼마켓을 관찰하며 발견한 소비 흐름과 투자기회, 3부에서는 유럽 식품 브랜드를 실제로 경험하면서 발견한 브랜딩 전략과 숨겨진 기회에 관해 다루었다. 소비 트렌드와 투자에 관심 있는 분들, 여행을 하면서 순수한 여행의 즐거움 외에 무언가를 얻고 싶었던 분들, 유럽에 대해 좀 더 알고 싶은 분들을 위해 썼다. 마음은 여행하듯 즐겁게, 생각은 투자하듯 날카롭게 읽어주시길.

마케터의 여행기술

: 같은 것도 다르게 보는 감각을 키운다

여행을 좋아하는 사람들도 그다지 인식하고 있지는 않지만, 해외여행은 투자기회를 발견할 수 있는 무척 괜찮은 수단이다. 한국에서 얻은 지식으로 해외 기업을 바라보고, 거꾸로 해외에서 얻은 지식을 바탕으로 한국 기업을 바라보는 것 모두 가능하다. 다른 나라를 여행하며 남들은 모르는 정보를 먼저 알게 된다면 더 빨리 기회를 발견해 수익을 극대화할 수 있지 않겠는가? 더 많은 나라에 더 많이 여행을 다닐수록 다양한 지식과 경험이 쌓이고, 그 과정에서 지식과 경험들 간에 시너지 효과가 일어나기도 한다. 기회를 읽는 요령도 생긴다.

이러한 역량을 키우는 데 도움이 되는 수단 하나가 이 책에서 말하는 '투자감각'이다. 좋은 마케터가 되기 위해서는 남들과 다른 것을 보는 것 못지않게 남들과 같은 것을 보고도 다르게 느끼는 능력이 중요하다. 나는 투자감각을 갖추는 것, 그것이 같은 현상을 보더라도 다른 마케터들과는 조금 다르게 해석하는 마케터가 되는 법이라고 생각한다.

1부에서는 여행하며 투자기회를 읽는 요령, 투자감각을 갖추는 요령 등 소소하지만 제법 도움이 되는 여행기술을 먼저 간략히 공유해볼까 한다. 소비, 심리학, 브랜딩 관점에서 세상과 투자를 보는 마케터의 접근법이라고나 할까.

프레임
: 어디서든 나는 마케터!

        프레임frame이라는 용어가 있다. 일반적으로는 액자나 창틀의 테두리 또는 안경테 등을 의미하지만, 특정 사안을 바라보는 관점 및 사고방식이라는 심리학적 의미로도 사용된다.[•] 같은 여행지에서 같은 것을 본다 해도 저마다 감흥이 달라지는 것을 보면 프레임은 한 사람의 여행에도 제법 영향을 미치는 듯하다. 예능 프로그램 〈알쓸신잡〉의 재미 요소도 이것이라 생각하는데, 유시민(경제학, 정치), 정재승(물리학), 황교익(미식), 김영하(문학), 유희열(음악) 등 각

•   최인철, 《프레임 : 나를 바꾸는 심리학의 지혜》, 21세기북스.

기 다른 프레임을 지닌 다섯 남자가 같은 여행지에서 각기 다른 감상을 쏟아내며 재미와 지식의 화학작용이 일어난다.

여행에서 무언가 새로운 것을 얻으려면 새로운 프레임이 필요하다. '여행' 자체가 새로운 프레임이기도 하지만 시장의 트렌드를 읽고 싶다면 마케터의 눈이라는 프레임을 놓치지 말아야 한다. 아울러 투자기회를 발견하려면 자신이 지니고 있는 기존 프레임에 '투자'라는 프레임을 추가해보자. 마케팅과 투자 프레임이 작동할 수 있도록 관련 지식을 평균 이상으로 갖추고, 여행하는 내내 그 프레임을 염두에 두는 것이다. 그래야 관찰이 기회 포착으로 이어질 수 있다. 무릇 아는 만큼, 관심 있는 만큼 보이는 법이므로.

덴마크의 수도 코펜하겐을 여행했을 때였다. 코펜하겐 거리에는 특이하게도 이어폰보다 헤드폰으로 음악을 듣는 사람이 월등히 많았다. 마케팅이라는 프레임이 없었다면 나의 관찰은 그저 '코펜하겐의 싸늘한 날씨 때문에 사람들이 이어폰보다 헤드폰을 선호하는구나'라고 생각하는 데 그쳤을 것이다. 하지만 마케터의 프레임 덕분에 자연스럽게 코펜하겐 사람들이 어떤 헤드폰 브랜드를 선호하는지 살폈다.

그들의 헤드폰에는 으레 덴마크의 대표 음향기기 브랜드인 뱅앤올룹슨Bang & Olufsen 로고가 새겨 있었다. 즉 나는 코펜하겐에서 뱅앤올룹슨의 인기를 '관찰'한 것이다. 인기의 원인으로 북유럽 특유의 세련된 디자인을 떠올려보기도 했다. 여기에 더해 투자라는 프레임도 지니고 있던 덕분에 내 관찰은 '뱅앤올룹슨에 과연 투자가치가 있을까?'라는 투자자의 호기심으로 이어질 수 있었다.

여행에서 돌아온 뒤, 뱅앤올룹슨이 금융위기 당시 도산 직전까지 몰렸고 주가가 급락했다는 사실을 알게 되었다. 무리한 사업다각화가 원인이었다. 하지만 난 뱅앤올룹슨의 주가가 반등할 것이라 생각했다. 아마존 에코, 애플 홈팟, 구글 홈 등 AI 기반의 스마트 스피커 시장이 성장함에 따라 음향기기 브랜드의 가치가 높아질 것이라 보았기 때문이다. 2014년 애플이 약 3조 원을 들여 음향기기 업체인 비츠 일렉트로닉스Beats Electronics를 인수한 것과 2017년 삼성전자가 약 9조 원을 들여 하먼Harman을 인수한 것이 판단의 근거였다. 애플과 삼성전자 외에도 구글, 아마존, 텐센트, 알리바바 등 스마트 스피커 개발에 뛰어든 글로벌 IT 기업은 많은 반면, 인지도 높고 대량생산이 가능한 음향기기 브랜드는 부족하다는 점 역시 뱅앤올룹슨 입장에서는 긍정적인 환경이라고 판단했다.•

2009년 급락한 뱅앤올룹슨의 주가는 스마트 스피커에 대한 관심이

• 가령 뱅앤올룹슨의 경쟁사인 보스BOSE의 경우 창업주가 사망하면서 보유 지분을 모교인 MIT에 기부했는데, 당시 조건이 MIT는 지분을 매각할 수 없고 경영에 참여할 수 없으며 단지 배당금을 받아 장학금을 지속적으로 지급하는 것이었다. 따라서 보스는 인수합병 대상이 될 수 없다.

북유럽 디자인으로 유명한 뱅앤올룹슨. 하지만 뱅앤올룹슨은 디자인을 외부 디자이너에게 위탁한다. 즉 뱅앤올룹슨 기업의 핵심역량은 디자인 역량이 아닌 디자이너 선정 역량이다.

높아진 2016년을 기점으로 지속적으로 상승 중이다. 마케팅이라는 프레임을 갖추지 않았더라면 코펜하겐 여행에서 헤드폰을 사용하는 사람들을 보고도 뱅앤올룹슨의 인기로 연결 짓지 못했을 것이며, 투자라는 프레임을 갖추지 않았더라면 뱅앤올룹슨의 인기를 관찰했다 하더라도 투자기회는 발견하지 못했을 것이다.

이처럼 여행지에서 투자기회를 발견하려면 우선 소비자 및 브랜드에 관심을 가질 필요가 있으며, 무엇보다 투자에 대해 일정 수준 이상의 지식을 쌓고 투자 자체에 관심이 있어야 한다. 물론 그 전에 증권사에 가서 해외 투자가 가능한 계좌를 만들어야겠지만.

여행 스타일
: 한 번에 한 곳만

　　일반적으로 사람들은 한 번의 해외여행에서 최대한 많은 곳을 돌아보고 싶어 한다. 유럽처럼 큰맘 먹고 가야 하는 여행지일 때는 더 그렇다. 그것도 기왕이면 가보지 않은 새로운 도시들만 가보려고 한다. 어렵게 시간을 내고 비싼 항공료를 지불한 만큼 한 곳이라도 더 가보고 싶고, 새로운 경험을 하나라도 더 하고 싶은 마음을 이해 못하는 것은 아니다. 하지만 기회를 발견하고자 한다면 그러한 욕심을 조금 내려놓을 필요가 있다. 마케터의 안목을 키우는 데에는 경험의 폭보다 깊이가 중요하기 때문이다.

　　도시는 다양한 사람과 조직들로 구성된 복합체다. 그리고 끊임없이 변화한다. 그런데 한 번에 여러 도시를 여행하면 한 도시에 관해 알 수 있는 것들이 제한될 수밖에 없다. 한 도시를 집중적으로 여행해야 깊이 있는 관찰이 가능하다. 나아가 여러 차례 방문하면 이전 경험을 바탕으로 더 많은 것들이 보이며, 예전과 달라진 도시의 변화상까지 느낄 수 있다. 이 점이 특히 중요한데, 이 변화상에서 새로운 흐름을 포착하고, 나아가 투자기회도 발견할 수 있다. 나는 런던에서 그러한 경험을 했다.

런던은 서울에 살 때건 파리에 살 때건 늘 내게 새로운 자극을 주는 도시였다. 하지만 브렉시트Brexit 이후의 런던 방문은 조금 달랐다. 처음으로 어떤 새로움도 느낄 수 없었다. 왜 그랬을까? 도시는 일종의 플랫폼이다. 도시를 중심으로 개인, 기업, 정부조직, 국제기구 등 다양한 조직과 구성원들이 모여들고 상호작용이 발생한다. 더 많은 구성원들이 유입될수록, 상호작용이 더 활발할수록 도시는 더욱 큰 플랫폼으로 성장한다.

도시의 성장은 곧 세수稅收의 증가를 의미한다. 그래서 도시 정부들은 더 많은 잠재적 구성원들에게 매력을 어필하며 경쟁한다. 브렉시트 이전까지 런던은 유럽 내 최대 경쟁력을 지닌 도시 플랫폼이었다. 금융, 영어, 교육이라는 경쟁력을 바탕으로 유럽과 미국 간 가교 역할을 하면서 다양한 구성원들을 끌어들였다. 하지만 브렉시트로 런던은 이 매력적인 '가교 역할'을 잃었다.

　이는 서비스 산업 중심 도시인 런던에는 더욱 치명적이다. 제조업 기반의 독일 및 네덜란드의 주요 도시들, 문화적 자산이 풍부한 프랑스와 이탈리아의 주요 도시들, 기후 및 환경이 뛰어난 스페인과 그리스 도시들의 경쟁력은 도시 자체에 내재돼 있다. 반면 런던의 경쟁력은 외부에서 유입된 다양한 구성원들의 상호작용에서 비롯된다. 브렉시트 이후의 런던에서 새로움을 느낄 수 없었던 이유는 더 이상 예전처럼 새로운 구성원들이 유입되지 않기 때문이 아닐까 싶다. 단적인 예로 글로벌 금융 회사들은 유럽지사를 대부분 런던에 두었는데, 브렉시트 표결 이후 많은 기업들이 런던지사의 인력 충원을 멈추고 브뤼셀, 파리, 암스테르담, 프랑크푸르트 등 다른 도시에 유럽지사를 신설하기 시작했다.

　런던에서 이러한 변화를 느낀 뒤 나는 독일의 프랑크푸르트 공항을 운영하는 프라포트Fraport라는 기업에 주목했다.

　나는 프랑크푸르트야말로 브렉시트의 반사이익을 가장 많이 본 도시라 생각한다. 프랑크푸르트는 유럽 중앙은행과 독일 연방은행 본부가 위치한 유럽 제2의 금융도시다. 또한 유럽의 주요 도시들 중에는 물가가 저렴한 편이고 영어 소통이 원활하며, 유럽 대륙 내 교통의 요지이기도 하다. 그런 만큼 런던의 역할과 위상 일부를 흡수할 가능성이

런던에서는 북미 및 아시아의 다양한 브랜드를 만날 수 있다. 런던이 타 지역 브랜드들의 유럽 진출 교두보 역할을 하는 셈이다.

높아 보였다. 내 예상대로 된다면 프랑크푸르트 공항 이용객도 자연스럽게 많아질 것이다. 2017년 현재 화물 기준으로 유럽 1위, 세계 8위, 승객 기준으로 유럽 4위, 세계 13위의 공항이자 세계에서 직항 루트가 가장 많은 허브 공항인 프랑크푸르트 공항은 수요 증가를 충분히 감당할 수 있다. 실제로 프라포트의 주가는 브렉시트 표결 이후 꾸준히 상승 중이다.

런던을 한 번만, 그것도 며칠 동안 반짝 둘러보고 말았다면 이러한 투자기회를 발견할 수 있었을까? 그렇지 않을 것이다. 런던이라는 도시를 여러 차례 방문해 깊이 있게 관찰한 덕분에 런던의 변화를 감지할 수 있었다. 투자를 고려한 여행이라면 한 도시를 오래, 자주 방문하는 스타일이 더 적합하다.

취향
: 폭넓은 경험이 만들어주는 것

 취향이란 한마디로 자신이 무엇을 좋아하고 싫어하는지를 명확히 아는 것이다. 취향을 갖추려면 많이 경험해봐야 한다. 다양한 종류의 맥주를 마셔본 사람만이 자신이 어떤 맥주를 좋아하고 싫어하는지 알고, 여러 브랜드의 옷을 입어본 사람만이 자신에게 가장 어울리는 브랜드를 알 수 있다. 경험을 통해 취향이 생겨나고, 시간이 쌓이면서 취향이 다듬어진다.

 좋은 취향은 투자에도 도움이 된다. 좋은 취향이란 곧 좋은 제품 및 서비스를 알아보는 안목 아니겠는가. 그리고 여행은 취향을 만드는 유용한 수단이다. 여행지에서는 일상에서와 다른, 다양한 경험을 할 수 있으니 말이다.

가령 커피를 좋아하는 나는 여행할 때마다 각 도시의 유명하다는 카페에 들러 스페셜티 커피를 마시곤 한다. 그러면서 커피에 관한 나름의 취향이 생겼고, 자연스럽게 스타벅스 커피는 예전보다 덜 맛있게 느껴졌다. 세상에는 스타벅스보다 훨씬 맛있는 커피가 수두룩하다는 사실을 알아버린 것이다.

그렇다면 난 스타벅스에 더 이상 투자가치가 없다고 판단해야 하는 것일까? 아니다. 가격, 안정적 퀄리티, 공간의 편의성 등을 고려하면 스타벅스는 여전히 고객들에게 매력적인 브랜드다. 게다가 글로벌 규모로 사업을 전개하는 유일한 테이크아웃 커피 기업임을 감안한다면 스타벅스는 여전히 가치가 높다. 마케터라면 단순히 자신의 취향만 믿고 특정 기업의 제품이나 서비스의 퀄리티를 평가해서는 안 된다. 이에 더해 기업의 다른 요소 및 경영환경까지 고려해 입체적으로 기업의 가치를 판단해야 한다.

이렇게 말하는 나도 취향만으로 기업의 가치를 평가하는 바람에 좋은 기회를 놓친 경험이 있다. 커피 못지않게 수제 버거도 무척 좋아하는 터라 유럽을 여행하면서 각 도시에서 가장 맛있다는 버거 가게들을 섭렵하고 다녔다. 햄버거의 탄생지인 함부르크, 유럽에서 버거 가게가 가장 많은 도시라는 베를린, 브리오슈 번을 사용하는 버거로 유명

덴마크 최고 스페셜티 커피 전문점 '커피 콜렉티브'(위)와 암스테르담의 스타벅스 리저브 매장(아래)

한 파리 등 다양한 도시의 훌륭한 버거들을 맛보면서 나름의 확고한 취향이 생겼다. 브리오슈 번을 좋아하고, 지방이 어느 정도 있는 패티를 선호하며 재료들 간의 균형이 잘 잡힌, 즉 밸런스 좋은 버거를 좋아하게 되었다. 반면 크고 두꺼운 패티와 다양한 재료를 풍성하게 넣은 미국식 버거는 좋아하지 않는다. 그래서… 그렇다, 미국의 대표 버거 브랜드인 쉐이크쉑의 잠재력을 간과하고 말았다. 쉐이크쉑이 미국을 넘어 한국을 비롯한 해외시장에서 지속적으로 성장하고 있다는 사실을 알고도 주가가 지나치게 하락했을 때 선뜻 투자하지 않았다. 순전히 쉐이크쉑의 버거가 내 취향이 아니라는 이유 때문에.

이처럼 좋은 취향을 갖추는 것, 그 취향을 바탕으로 기업의 가치를 판단하는 것은 마케터로 성장하는 데 매우 중요하다. 그리고 여행을 통해 좋은 취향을 갖추어갈 수 있다. 이미 좋은 취향을 가지고 있다면 여행이 좋은 투자기회를 발견하는 유용한 수단이 될 수도 있다.

사전지식
: 예약보다 예습이 먼저

'아는 만큼 보인다'는 표현은 상투적이지만 진리다. 여행에서 새로운 기회를 발견할 때에도 예외가 아니다.

나는 여행 전에 책이나 블로그, 위키피디아 등을 통해 여행지의 문화와 역사, 주요 산업과 기업 등에 대해 어느 정도 예습을 하는 편이다. 이 중에서도 위키피디아가 꽤 유용한데, 해당 국가의 언어를 몰라도 구글 크롬을 활용하면 자동번역이 가능하므로 언어 걱정을 할 필요도 없다. 참고로 해당 언어를 한국어로 직접 번역하는 것보다 영어로 번역하는 편이 정확도가 훨씬 높으므로 영어가 능숙하면 자료 조사에 좀 더 유리하다.

EBS의 〈세계테마기행〉 같은 교양 프로그램을 시청하는 것도 방법이다. 짧은 분량에 해당 지역에 관한 흥미로운 정보를 압축적으로 담은 데다 글이나 사진으로 구현하기 어려운 생생함도 있다. 게다가 유튜브를 통해 무료 시청이 가능하므로 이동 중에 휴대폰으로 편하게 볼 수 있다. 개인적으로는 리스본 여행을 앞두고 본 〈세계테마기행〉 포르투갈 시리즈가 무척 유용했던 기억이 있다. 영상을 보며 포르투갈에서도 다양한 종류의 와인이 생산되며 포르투갈이 세계 최대 코르크 마개 생산국이라는 사실을 알게 되었다. 덕분에 주정강화 와인인 포트와인port wine이나 어린 포도로 만든 비노 베르데vinho verde 등 포르투갈에서만 생산되는 와인을 즐길 수 있었으며, 세계 1위 코르크 마개 생산기업인 코르치세이라 아모림Corticeira Amorim도 알게 되었다. 뒤에서 자세히 다루겠지만 이 회사도 투자가치가 높은 기업이다.

비슷한 맥락에서 다큐멘터리도 도움이 된다. 바르셀로나 여행을 앞두고 본 엘 불리(El Bulli, 분자요리의 창시자로 불리는 페란 아드리아의 레스토랑. 현재는 연구에 몰두하기 위해 폐업한 상태다)에 관한 다큐멘터리 〈엘 불리 : 요리는 진행 중〉이나 북유럽 여행을 앞두고 본 노마Noma에 관한 다큐멘터리 〈노마 : 뉴 노르딕 퀴진의 비밀〉은 스페인과 북유럽의 미식 생태계 및 식문화를 이해하는 데 큰 도움이 되었다. 이러한 사전 지식이 있으면 스페인과 북유럽의 슈퍼마켓을 둘러볼 때 그 사회의 음식 철학이 잘 반영된 식품 브랜드와 식품기업이 쉽게 눈에 들어온다.

물론 바쁜 일상 속에서 여행을 위해 따로 공부한다는 것 자체가 부담스러울 수도 있다. 하지만 분명한 건 여행에서 기회를 발견하려면 여행지에 대한 예습이 필요하다는 사실이다. 부담을 조금이나마 덜고 싶다면 여행 일정에 맞춰 공부하지 말고, 여행하고 싶은 지역에 관한 공부를 마친 후에 여행 일정을 잡는 것은 어떨까. 그러면 시간적 압박도 덜할 테고 본인이 여행에서 무엇을 보고 싶은지 명확히 한 후에 일정을 짤 수 있다. 막상 공부해보니 기대했던 것보다 흥미가 떨어진다면 여행지를 변경할 수도 있다. 이 또한 예습의 좋은 점이다.

트렌드

: 돌고 돌아 언젠가
우리 사회에 온다

여행지에 대한 사전지식 못지않게 중요한 것
이 있다. 바로 소비 트렌드에 대한 공부다. 다양한 소비 트렌드를 파악
하는 것은 마케터에게는 기본 준비에 가깝다. 아울러 사람들의 소비
가 기업의 이익과 직결되는 만큼 소비 트렌드의 변화를 잘 읽는다면
눈여겨보아야 할 사업 아이템도 예측할 수 있다.

소비 트렌드는 시기에 따라, 지역에 따라 다르다. 하지만 트렌드는
돌고 돌며, 한 사회의 트렌드가 다른 사회의 트렌드로 넘어가는 등 서
로 영향을 주고받는다. 가령 한국이 일본의 트렌드를 따라가고 중국
이 한국의 트렌드를 따라가는 것처럼 말이다. 일본에서 지난해에 유행

했던 트렌드가 올해 프랑스에서 유행하고, 동시에 지난해에 프랑스를 휩쓸었던 트렌드가 올해 일본에서 유행하기도 한다. 그러므로 한 사회의 트렌드를 예측하기 위해서는 특정 사회 및 특정 시기에 관계없이 다양한 소비 트렌드에 관해 알고 있어야 한다.

내가 소비 트렌드를 파악하는 데 사용하는 방법은 다음과 같다.

첫째, 소비 트렌드 서적을 읽는다. 가장 고전적이고 기본적인 방법이다. 연말이 되면 이듬해의 트렌드를 예측하는 책들이 출간되기 시작하는데, 그중 한두 권은 반드시 구매한다. 대단한 인사이트나 정보를 얻기보다는 큰 흐름을 파악하고 필요할 때마다 찾아보는 일종의 사전처럼 활용한다. 트렌드 책을 몇 년간 꾸준히 읽으면 시간의 흐름에 따라 한 사회가 어떻게 변화하는지 파악하는 데에도 도움이 된다.

둘째, 다양한 영역의 잡지를 읽는다. 트렌드 전망서는 트렌드를 일목요연하게 정리해뒀다는 장점이 있지만, 이미 누군가에 의해 정리되고 가공된 2차 자료다. 이 말은 곧 트렌드 책을 읽고 움직이면 한발 늦기 십상이라는 것이다. 나보다 발 빠른 누군가가 이미 해당 트렌드를 파악해 투자하지 않았겠는가. 반면 잡지를 읽으며 스스로 트렌드를 발견한다면 승산이 있다. 특히 우리보다 소비 트렌드가 앞선 나라의 잡지를 읽으면 다른 사회의 트렌드를 파악하는 데 유용하다. 나는 미국의 IT 잡지인 〈와이어드〉와 영국의 라이프스타일 잡지 〈모노클〉을 꾸준

'롱테일 효과', '크라우드 소싱' 같은 개념을 만들어낸 〈와이어드〉

1부 마케터의 여행기술 : 같은 것도 다르게 보는 감각을 키운다

히 읽고 있다.

셋째, 적어도 분기에 한 번 정도는 관심 있는 학술 저널의 논문 제목들을 훑어본다. 주로 사회학, 심리학 저널 논문을 살펴보는데, 특히 소비자행동론 관련 논문은 사회 구성원들의 욕망이 변화하는 흐름을 읽는 데 도움이 된다. 물론 직접적으로 투자에 적용하기는 어렵고 약간의 응용력은 필요하다. 가령 10년 전 즈음 갑자기 '물질주의 materialism' 변수에 대한 경영학계의 관심이 높아졌는데, 흥미로운 사실은 이 주제의 논문 저자 가운데 아시아 연구자들이 많았다는 것이다. 그만큼 당시 한국, 중국, 일본 등 아시아 국가에서 물질주의 성향의 소비자들이 증가했다는 뜻 아닐까. 물질주의 성향이 높다는 것은 자존감이 낮다는 의미다. 낮은 자존감을 회복하기 위해서는 과시적 소비conspicuous consumption를 할 가능성이 높다. 이런 판단 하에 과시적 소비에 해당되는 명품과 테이크아웃 커피, 소셜미디어 영역의 대표 주식들에 관심을 두었다. 실제로 LVMH, 케링Kering, 스타벅스, 페이스북, 텐센트의 급격한 주가 상승은 아시아 시장에서의 성장이 주요 원동력이었다.

비전공자가 논문 전체를 읽기는 어렵지만 제목 정도 읽는 것은 약간의 노력만 기울이면 된다. 논문 제목에 사용된 키워드를 파악하는 것만으로도 소비 트렌드의 변화를 알 수 있고, 투자기회를 발견할 수도 있다.

공간
: 마케터가 현대 미술관에
가야 하는 이유

여행에서 특별한 기회를 발견한다고 하면 왠지 특별한 곳에 가서 특별한 사람들을 만나야 할 것 같다고 걱정하는 이들이 많다. 하지만 난 그저 좋아하는 것들을 경험할 수 있는 공간에 가면 된다고 말한다. 무릇 여행은 즐거움이 최우선일뿐더러, 좋아하고 잘 아는 것에서 기회를 발견할 확률도 높기 때문이다. 축구를 좋아하면 경기장을, 책을 사랑하면 서점을, 음악을 즐긴다면 공연장을, 나처럼 먹거리에 관심이 많다면 레스토랑이나 마트를 찾아가면 된다.

다만 자신이 관심 있는 공간 외에 추가로 한 곳을 권한다면 현대 미술관을 꼽고 싶다. 투자와는 거리가 있어 보이는 의외의 공간이지만,

여기에서 얻을 수 있는 인사이트가 있다.

현대 미술은 동시대를 살아가는 사람들의 욕망을 이해하는 데 도움이 된다. 인간의 욕망에는 자본이 몰리는 법이므로 투자를 위해서는 동시대인들의 다양한 욕망을 알아야 한다. 예술가들은 섬세하고 예민한 감각의 소유자들이어서 타인의 욕망을 읽는 능력이 탁월하며, 그 능력을 바탕으로 사람들의 욕망이 투영된 작품들을 선보인다. 현대 미술관은 소비자 욕망을 파악하기에 최적의 공간인 셈이다.

유럽에는 좋은 현대 미술관이 워낙 많다. 또한 유럽의 현대 미술관 가운데는 새로운 문화적, 사회적 트렌드를 소개하는 기획 역량이 탁월한 곳이 많다. 런던의 테이트 모던Tate Modern, 파리의 까르띠에 재단 뮤지엄Foundation Cartier pour l'art contemporain, 코펜하겐의 루이지애나 뮤지엄Louisiana Museum of Modern Art 등이 대표적이다.

데미안 허스트Damien Hirst와 테이트 모던의 전시는 현대 미술관에서 어떻게 투자기회를 발견할 수 있는지 보여주는 대표적 사례다. 영국 아티스트인 데미안 허스트는 세계에서 가장 몸값이 비싼 현대 미술 아티스트로, 죽음을 주제로 다양한 작품들을 선보여왔다. 1992년 테이트 모던과 기획한 '약국Pharmacy'•이라는 전시에서는 알약을 활용한 회화와 설치미술 등을 통해 영원히 살고 싶은 인간의 욕망, 그 해결 방안으로 여겨지는 약에 대한 맹신과 모순 등을 표현해 큰 화제가 되었다.

세계 각지의 현대 미술관. 위부터 시계방향으로 테이트모던(런던), 퐁피두(파리), 프라다 뮤지엄(밀라노), 팔레드 도쿄(파리) 전시작품

1부 마케터의 여행기술 : 같은 것도 다르게 보는 감각을 키운다

그런데 뛰어난 투자가라면 데미안 허스트의 약국 시리즈가 표현하는 인간의 욕망에서 제약 및 바이오산업에 대한 투자가치를 읽어낼 수 있지 않을까? 영원히 살고 싶은 인간의 욕망과 약에 대한 맹신은 곧 제약 업체의 거대한 수요와 높은 마진을 의미하기 때문이다.

실제로 제약 및 바이오 기업들은 전시가 있었던 1992년 이후 엄청난 성장을 이뤄냈다. 나스닥에 상장된 바이오 기업 길리어드사이언스Gilead Science의 1992년 주가는 20센트에 불과했지만 현재는 70달러를 호가한다. 시세차익이 400배나 되는 것이다. 삼성 바이오에피스**의 대주주이자 역시 나스닥에 상장된 바이오 기업 바이오젠Biogen의 주식은 1992년 60센트였지만 현재는 320달러에 육박한다. 500배 이상 상승한 셈이다. 주가가 정점이었던 2015년 기준으로 보면 700배가 넘는 수익률이다. 국내에도 한미약품, 광동제약, 녹십자, 셀트리온 등 수십 배 상승한 제약 및 바이오 주식들이 수두룩하다. 1992년 테이트 모던은 대부분의 사람들에게 예술의 공간이지만 소수의 누군가에게는 죽음을 피하고자 하는 욕망을 읽을 수 있는 공간이었다.

- 데미안 허스트의 약국 시리즈는 현재 테이트 모던 외에 한국의 삼성 리움 미술관에서도 관람할 수 있다. 데미안 허스트가 직접 운영하는 런던의 뉴포트 스트리트 갤러리Newport Street Gallery 내부에는 그의 작품들을 모티브로 한 약국2Pharmacy2라는 레스토랑이 있다. 약국 시리즈를 경험하는 최적의 공간인 셈이다.
- •• 바이오 시밀러 개발업체로 삼성 바이오로직스가 지분 50.1%, 바이오젠이 지분 49.9%를 보유한다.

커뮤니케이션
: 현지인의 육성 꿀팁을
놓치지 말 것!

나는 여행할 때면 다른 여행자, 숙박업소 직원, 카페 사장, 기차에서 옆자리에 앉은 승객과 수다를 즐긴다. 여행이 더욱 즐거워질뿐더러 대화에서 여행지의 경제 현황, 내가 알지 못했던 현지 비즈니스에 관한 정보를 듣기도 한다. 하다못해 현지 맛집이라도 소개받을 수 있으니 여행할 때에는 타인과 상호작용을 게을리하지 말자.

좀 더 적극성을 발휘하고 싶다면 여행 중 시간을 빼서 관심 있는 기업을 방문하는 것도 좋다. 요새 한국의 젊은 층 사이에 구글, 애플, 페이스북 등 실리콘밸리 기업을 견학하는 것이 유행하는 것처럼 말이다.

유럽 기업들은 의외로 그런 요청에 호의적인 경우가 많은데, 미국 기업들과 달리 방문 요청이 드물기 때문이 아닐까 싶다. 동종 업계에 근무한다면 허락받기가 더 쉽다. 상장사라면 해당 기업의 주식을 매수한 뒤 IR 담당자에게 연락하는 것도 방법이다. 한 가지 팁을 공유하자면, 대부분 이메일보다 공식 페이스북이나 인스타그램 계정의 메신저로 연락하는 편이 피드백이 빠르다. 회사마다 소셜미디어 담당자가 정해져 있어서 그런 것 같은데 내 경험상 하루, 늦어도 일주일 안에는 답을 받을 수 있었다.

기업을 방문할 때에는 방문 자체에만 집중하지 말고 담당자와의 소통에도 신경 쓰자. 직원 관점에서 바라본 해당 기업 및 산업에 관한 얘기를 들을 수도 있고, 관련 회사를 소개받는 의외의 소득을 거둘 수도 있다.

먹거리를 좋아하는 나는 여행할 때면 식품 관련 기업을 방문하곤 한다. 네덜란드의 수도 암스테르담에서는 식품 스타트업만을 위한 공유 오피스, 즉 일종의 공유 주방인 키친 리퍼블릭Kitchen Republic을 견학했다. (얼마 전 자신이 창업한 우버에서 쫓겨난 트래비스 캘러닉Travis Kalanick이 공유 주방 신사업을 한국에서 시작하겠다고 사업 설명회를 열어 논란과 동시에 공유 주방이라는 사업 컨셉이 한국에서도 화제가 된 바 있다.) 위워크 등 일반적인 공유 오피스가 입주사들에게 사무공간을 제공한

키친 리퍼블릭 투어 담당자 바버라(위)와, 그녀를 통해 소개받은 스타트업 오나미 김치 대표 알렉스(아래)

　　　　　1부 마케터의 여행기술 : 같은 것도 다르게 보는 감각을 키운다

다면 키친 리퍼블릭은 식품 제조공간과 장비를 제공한다. 소규모 식품 기업들은 사업 초기 장비와 위생 문제로 많은 어려움을 겪는데, 키친 리퍼블릭이 그 고민을 덜어주는 것이다. 또한 다양한 워크숍을 개최해 식품 스타트업들 간의 네트워킹, 주요 유통업체들과 스타트업 간의 네트워킹을 지원한다. 인터뷰를 진행했던 키친 리퍼블릭 담당자에 따르면 그 과정에서 교차 판매, 공동 마케팅, 아이디어 교류 등의 시너지가 빈번하게 발생한다고 한다.

이곳 담당자의 소개로 키친 리퍼블릭의 입주사였던 오나미 김치Oh Na Mi Kimchi의 대표를 만나 성장전략을 듣는 행운도 누렸다. '유럽에서 창업한 한식 스타트업'이라는 독특한 이력을 지닌 오나미 김치는 젓갈과 액젓, 마늘 등 유럽인들이 거부감을 갖는 양념을 최소화하면서도 김치 본연의 맛을 유지하는 기술력을 기반으로 사업을 펼쳐가고 있다. 나아가 김치를 한국 음식이 아닌 현지 음식에 사용하는 식재료로 포지셔닝하는 데 성공한 점도 괄목할 만하다. 가령 암스트레담의 인기 버거 가게와 협업해 김치버거를 개발하고, 김치 국물을 건조한 뒤 분말화하여 일종의 향신료로 현지 레스토랑들에 납품한 것이 대표적이다.

키친 리퍼블릭과 오나미 김치와의 만남은 유럽 시장에 적극적으로 진출하고 있는 제일제당, 아지노모토(Ajinomoto, 아시아 최대 식품 기업이자 세계 1위 냉동만두 제조업체. 도쿄 증시에 상장했다), 기코만

(Kikkoman, 세계 최대 간장 제조업체. 도쿄 증시에 상장했다), CP Foods(태국 최대 식품 기업으로 방콕 증시에 상장했다) 등 아시아 식품 기업들을 마케팅과 투자 관점에서 다시 한 번 살펴보는 계기가 되었다.

소비
: 소유보다 경험

　　나는 여행하면서 쇼핑을 즐기는 편은 아니다. 그러나 경험에는 돈을 아끼지 않는다. 일상에서 경험할 수 없는 것들을 경험하는 것이야말로 여행의 매력 아니겠는가.

　여행지에서 경험을 위해 소비하는 것은 소비가 아니라 투자라고 생각한다. 단순한 수사가 아니라 실제로 여행에서 이런저런 경험을 하다가 투자기회를 발견하는 경우가 종종 있다. 전 세계적으로 여행 수요가 증가함에 따라 다양한 여행 관련 서비스가 나오고 있으므로 하나씩 경험해보기에도 좋다. 거창한 경험이 아니어도 된다. 먹고 자고 이동하는 기본적인 활동도 마케터의 관점에서는 얼마든지 훌륭한 '경험'

이 될 수 있다.

숙소만 해도 현지에서 선택할 수 있는 숙박업체 유형은 한인민박, 게스트하우스, 에어비앤비, 비즈니스호텔, 부티크 호텔, 럭셔리 호텔 등 다양하다. 각 숙박업체에서 얻을 수 있는 경험들도 모두 다르다. 공간 자체도 다르지만, 그곳에서 만나는 사람들도 전혀 다르다. 따라서 한 도시를 오래 여행한다면 한 번쯤 숙소를 옮기는 것도 나쁘지 않은 선택이다. 최근 금융권 자본이 숙박업체에 대거 유입되고 있는 만큼, 숙소를 정하고 묵는 경험 자체가 투자기회를 발견하는 유용한 수단이 될 수 있다.

교통수단도 실제로 이용해보면 막연히 생각할 때보다 훨씬 다양하다는 것을 실감하게 된다. 나는 유럽 도시를 이동할 때에는 저가항공, 기차, 페리 등 다양한 교통수단을 선택한다. 기차*나 페리를 탈 때는 약간의 추가비용을 내고 일등석을 타보기도 하고, 식당칸에서 식사를 해보기도, 일부러 야간열차를 선택해 침대칸을 이용해보기도 한다. 페리 역시 1인실, 2인실, 다인실 등 가능한 다양하게 타보려고 노력한다.

도시 내에서 이동할 때에도 돈이 아깝다고 무조건 걷거나 대중교통만 이용하지 않고 가끔은 현지 택시나 우버 또는 리프트 같은 공유

• 유럽의 기차와 페리는 표를 일찍 예매할 경우 일등석과 이등석의 가격차가 크지 않다. 유럽여행에서는 좀 부지런할 필요가 있다.

차량 서비스를 이용해본다. 최근에는 공유 자전거와 공유 전동킥보드도 도시 내 교통수단으로 유용하다. 오포ofo, 모바이크Mobike 등 중국 공유 자전거 스타트업과 버드Bird, 라임Lime 등 미국 공유 전동킥보드 스타트업의 유럽 진출이 활발한 만큼, 이들 모빌리티 업체들이 글로벌 시장에서 얼마나 성장할 수 있을지 가늠해보는 것도 좋다. 이미 저가 항공사들의 주가는 물론이고 공유차량 서비스가 성장하면서 이들의 지분을 보유하고 있는 상장사(소프트뱅크)의 주가도 많이 상승했다. 향후 중국 공유 자전거, 미국 공유 전동킥보드 스타트업들이 성장한다면 지분을 보유하고 있는 텐센트, 구글 등 글로벌 IT 기업들의 주가에도 영향을 주지 않겠는가?

또한 경험에서 먹는 경험이 빠질 수 없다. 여행하면서 현지에만 있는 패스트푸드 레스토랑, 시장통의 작은 노포老鋪, 한식당을 비롯한 아시아 식당, 퓨전 레스토랑, 그리고 미슐랭 급의 파인 다이닝 등 다양한 식문화를 경험해보고자 노력한다. 카페, 양조장, 펍, 바 역시 흥미로운 경험 대상이다.

먹고 즐기는 와중에도 기회를 발견할 수 있다. 가령 최근 유럽의 여러 도시에서 멕시칸 패스트푸드 레스토랑인 치폴레Chipotle의 인기가 대단했다. 미국 기업인 치폴레는 2015년 미국에서 발생한 위생 관련 사고로 주가가 급락했는데, 반등을 위해 2016년부터 유럽 시장을 필두로 해외시장을 적극 공략하기 시작했다. 유럽에서의 인기를 경험하면서 치폴레의 주가가 회복될 것이라 예상했는데, 실제로 치폴레의 주가는 2018년 한 해 동안 150% 이상 상승했다.

이 밖에 현지에서 다양한 투어 및 액티비티를 해보는 것도 유용하다. 영어에 문제가 없다면 트립어드바이저Tripadvisor 같은 글로벌 업체의 서비스를, 한국어가 편하다면 마이리얼트립, 유로자전거나라 등 한국 스타트업의 서비스를 이용하면 된다. 이때에도 가급적 매번 다른 서비스를 이용하며 어떤 기업이 좋은 서비스를 제공하는지 체감해보자. 현지 투어를 비롯해 각종 여행상품 예약 서비스를 제공하는 미국의 부킹 홀딩스Booking Holdings, 트립어드바이저, 익스피디아Expedia의 주가는 모두 꾸준히 상승 중이다.

패션
: 산업의 공식이 바뀌는
단초를 읽는다

여행지에서 빼놓을 수 없는 재미가 사람 구경이다. 낯선 현지인들의 모습을 바라보다 보면 자연스레 그들의 패션에도 눈길이 가게 마련. 파리, 런던, 밀라노, 코펜하겐 모두 유럽의 트렌디한 도시이지만 멋쟁이들의 패션 센스 및 유행하는 스타일이 각기 달라 보는 재미에 비교하는 재미도 쏠쏠하다. 그 과정에서 각 도시 소비자의 특성 및 유행하는 아이템 등을 관찰하고 학습할 수도 있다.

특히 전 세계적으로 인기를 누리는 메가트렌드는 반드시 눈여겨보자. 최근 패션 산업의 대표적인 메가트렌드는 스트리트 패션이다. 스트리트 패션의 엄청난 인기는 패션 산업 자체를 변화시키고 있다. 도도

하기로 유명한 명품 브랜드들도 스트리트 패션 브랜드 및 흑인 래퍼들과 콜라보레이션을 하기 시작했으며, 발렌시아가와 루이비통은 뎀나 바잘리아Demna Gvasalia, 버질 아블로Virgil Abloh 등 스트리트 패션에 일가견이 있는 디자이너를 크리에이티브 디렉터로 선임했다. 2017년 6월 발매된 스트리트 패션 브랜드 슈프림Supreme과 루이비통 간의 콜라보레이션 한정판은 스트리트 패션의 인기를 보여주는 상징과도 같은 사건이었다. 2000년 루이비통이 자사의 모노그램 패턴을 도용했다고 슈프림에 소송을 제기했던 것을 상기해보면 더욱 그렇다. 루이비통과의 콜라보레이션 직후 투자회사인 칼라일 그룹Carlyle Group은 슈프림 지분 50%를 약 5억 달러에 취득했는데, 이는 슈프림의 기업가치가 1조 원을 넘어섰음을 의미한다.

유럽 여러 도시를 여행하면서 스트리트 패션의 인기를 확인한 후 주목하기 시작한 한국 기업이 있다. 바로 휠라코리아다. 휠라는 1911년 이탈리아에서 탄생한 스포츠 의류 브랜드로, 2000년대 초 경영난으로 파산에 이르자 당시 휠라코리아 대표였던 윤윤수 회장이 역으로 휠라 본사를 인수해 국내 증시에 상장했다.

2017년 10월 1만 3000원이었던 휠라코리아의 주가는 2018년 12월 5만 5000원에 육박, 1년여 만에 4배 넘게 상승했다. 급격한 주가 상승에는 휠라코리아의 뛰어난 경영역량과 골프용품 및 골프 의류를 생산하는 자회사 아쿠쉬네트Acushnet의 성공적인 뉴욕 증시 상장도 영향을 미쳤지만, 개인적으로는 휠라가 지니고 있는 디자인 유산 덕이 크다고 생각한다. 디자인 역량은 일반적인 투자자의 눈으로 보면 놓치기 쉬운 부분이다.

100년 역사의 스포츠 의류 브랜드 휠라는 혁신적인 디자인으로 유명하다. 과거에 생산된 휠라의 의류 및 신발은 지금 봐도 전혀 촌스럽지 않다. 명품 패션 브랜드의 디자이너로 일하는 지인의 말에 따르면 제냐Zegna, 프라다, 몽클레어Moncler 등 이탈리아 명품 브랜드 디자이너들이 스트리트 패션이 가미된 스포티한 제품을 디자인할 때에는 이베이에서 휠라의 구제 의류 및 신발을 구매해서 참조한다고 한다. 즉 스트리트 패션 열풍과 레트로(복고) 트렌드가 결합하면서 휠라의 과거 디자인 가치가 높아졌으며, 이는 다시 휠라코리아의 브랜드 자산으로 이어진 것이다. 현재 휠라코리아의 시가총액은 3조 6000억 원 수준으로 슈프림의 4배에 육박한다. 전 세계적인 스트리트 패션 열풍의 최대 수혜주가 바로 우리 곁에 있었던 것이다.

하지만 어찌된 이유인지 휠라의 디자인 가치는 한국에서는 쉽게 알아보기 어렵다. 나 또한 이탈리아에 가서야 체감할 수 있었다. 특히 2019 S/S 밀라노 패션위크 동안의 밀라노는 휠라의 위상이 여실히 드러난 공간이었다. 스포츠 브랜드로는 드물게 단독 컬렉션을 공개했으며, 밀라노의 유명 편집숍 10꼬르소꼬모(10 Corso Como, 한국에는

2008년 제일모직(현 삼성물산 패션부문)이 들여왔다)와의 콜라보레이션 제품을 선보였고, 밀라노 트리엔날레 디자인 뮤지엄La Triennale di Milano에서는 휠라 회고전을 기획했다.

한국 증시에 상장된 휠라코리아의 투자가치를 발견하는 데에는 본사가 있는 서울이 아니라 밀라노가 최적의 장소였던 셈이다. 여행이 이렇게 중요하다.

기록
: 남기는 만큼 남는다

여행을 좋아하는 많은 이들이 공감하겠지만, 기록은 여행의 재미를 높이는 데 무척 중요한 행위다. 그래서 많은 사람들이 여행 중에 사진을 찍고, 일기를 쓰고, 그림을 그리고, 트윗을 날린다. 더욱이 마케터라면 기록을 게을리해서는 안 된다. 통찰이 반드시 여행 중에만 생기는 것은 아니기 때문이다.

기록하는 방식은 다양하다. 가장 고전적인 것은 글로 남기는 것이다. 여행에서 체득한 지식은 글로 정리하는 과정에서 온전한 내 것이 된다. 우선 머릿속의 생각을 글로 옮기는 과정에서 한 차례 정제되고,

글로 옮기다 보면 자신이 모르는 부분과 더 알고 싶은 부분이 생기고 이를 보완하는 과정에서 추가적인 지식을 쌓을 수 있다. 이렇게 얻은 지식이 통찰이 된다. 실상 통찰은 여행 도중보다 여행을 다녀와서 기록하면서 더 많이 발견하게 된다.

이때 귀찮더라도 사진을 찍어두자. 해본 분들은 알겠지만 이동하면서 일일이 글로 기록하기란 여간 번거로운 게 아니다. 반면 스마트폰으로 사진을 찍어두면 이미지 기반의 메모가 되고, 나중에 기억을 떠올릴 때에도 텍스트보다 효과적일 수 있다. 특히 언어를 모르는 국가를 여행할 때 유용하다. 즉 사진은 글에 대한 보완적인 기록매체인 셈이다.

기록을 혼자 간직해도 되지만 기왕이면 공유를 해보자. 소셜미디어를 활용하면 좋다. 나는 글로 기록한 생각들을 그때그때 페이스북과 인스타그램 등 소셜미디어에 공유한다. 여기에는 몇 가지 이점이 있는데, 우선 나 혼자 보는 글과 타인에게 보이는 글은 완성도가 다르다. 특히 나 혼자 보려고 쓴 글에는 생략이 많다. 기록할 당시에는 기억이 생생하니 문제없겠지만 시간이 지난 후 다시 읽어볼 때 생략한 부분이 기억나지 않으면 낭패다. 반면 소셜미디어에 글을 올릴 때에는 현지 정보가 없는 타인들도 이해할 수 있도록 상세히 기록하기 때문에 이러한 문제가 발생하지 않는다.

글과 사진을 함께 남기기 쉽다는 것도 소셜미디어의 장점이다. 이렇게 올린 글에는 다른 이들의 댓글이 달린다. 잘못된 부분을 지적받기

1부 마케터의 여행기술 : 같은 것도 다르게 보는 감각을 키운다

도 하고, 부족한 부분을 보완받기도 한다. 자발적인 피드백이 모이는 창구인 셈이다.

마지막으로, 기록을 잘하려면 먼저 관찰을 잘해야 한다. 관찰에도 연습이 필요하다. 나의 연습용 텍스트는 무라카미 하루키와 알랭 드 보통의 여행 에세이다. 두 작가는 소설가이면서 에세이를 많이 썼다는 공통점이 있으며, 여행 에세이도 여러 권 출간했다.

내가 이들의 여행 에세이를 좋아하는 이유는 그들이 뛰어난 관찰자이기 때문이다. 새롭게 방문하는 공간과 마주치는 사람들을 관찰하고 이를 자신의 관점으로 해석해 서술하는데, 특히 관찰 자체보다 그 관찰을 해석하는 방식이 매력적이다. 마케터에게는 관찰한 것들을 자신의 관점으로 해석하는 역량이 중요하다. 남들과 다른 관점으로 관찰 결과를 해석할 수 있어야 남들은 볼 수 없는 기회를 발견할 수 있기 때문이다.

유럽 마트에서
관찰하는
소비 트렌드

유럽을 여행하는 마케터에게 마트와 슈퍼마켓은 무척 즐거우면서도 유용한 공간이다. 마케터의 호기심을 자아내는 흥미로운 먹거리와 함께 소비자, 매장 등을 관찰할 수 있을뿐더러 여행 후 업무에 복귀해서 참조할 만한 새로운 아이디어도 얻을 수 있기 때문이다. 특히 유럽은 국가 별로 문화, 소득 수준, 라이프스타일 등이 매우 달라서 여행하면서 다채로운 마트와 슈퍼마켓들을 관찰할 수 있다는 장점도 있다.

유럽의 다양한 유통기업을 방문하는 과정에서 접근성, 간편식, 카테고리 킬러, 업사이클링, 온라인 진출, 지속가능성 등의 트렌드가 주목받고 있음을 확인할 수 있었다. 이러한 트렌드에서 마케팅 인사이트 및 투자기회가 파생되는 것은 물론이다. 흥미롭게도, 그리고 다행스럽게도 이러한 인사이트와 기회들은 유통 산업이나 유럽 기업에 국한되는 것이 아니었다. 세계화가 진전되면서 전 세계 기업들이 투자 관계, 협력 관계, 경쟁 관계 등 다양한 형태로 서로 얽혀 있기 때문이다. 네덜란드 마트에서 나스닥에 상장된 미국 핀테크 스타트업에 대한 투자기회를 발견하는 것도 불가능하지 않다. 1부에서 다진 여행기술을 충실히 적용한다면 말이다.

2부에서는 여행 중 인상 깊었던 유럽의 슈퍼마켓과 마트들을 소개하고, 그곳에서 느낀 점들을 본격적으로 이야기해볼까 한다. 아울러 그곳에서 엿본 구체적인 투자기회들도 함께 풀어보겠다.

까르푸, 테스코
: 접근성은 점점
중요해질 것이다

1990년대 초 미국에서 처음 대형마트를 가본 이후 대형마트는 내게 행복과 즐거움의 상징이었다. 온갖 다양한 제품을 구경하는 재미가 쏠쏠할뿐더러 동네 슈퍼마켓에 비해 가격도 저렴하고, 복합쇼핑몰에 입점한 경우가 많아 장보러 간 김에 옷도 사고 외식도 하고 영화까지 보고 돌아올 수 있었기 때문이다. 파리에 와서도 대형마트에서 장을 보는 것이 당연하다고 생각했기에 주말이면 차를 몰고 파리 근교•에 있는 오샹Auchant이나 까르푸 같은 대형마트에 가

• 파리 내에는 법적으로 대형마트가 들어설 수 없다.

서 일주일치 장을 보고 돌아오곤 했다.

그런데 어느 순간 주변 프랑스인들 대다수가 대형마트에서 장을 보지 않는다는 사실을 알게 되었다. 나 역시 서서히 파리 근교의 대형마트 대신 동네 슈퍼마켓이나 상점가의 식료품점에서 장을 보는 데 익숙해졌다. 즉 접근성 높은 곳을 더 선호하게 된 것이다. 행동이 바뀌는 데에는 반드시 이유가 있다. 왜 사람들은 마트보다 가격이 비싼 동네 상점을 찾게 되었을까?

첫째, 대형마트에 가는 이점이 줄어들었다.

대형마트가 빠르게 성장할 수 있었던 것은 다른 유통채널이 지니지 못한 그들만의 몇 가지 강점 때문이었다. 그런데 그 강점들이 더 이상 소비자들에게 매력적이지 않게 되었다. 가령 소비자들이 느끼는 대형마트의 가장 큰 이점은 저렴한 가격이다. 대형마트는 다수의 고객이 방문하고 대형 포장 단위로 판매하기에 박리다매가 가능했다. 하지만 최근 1~2인 가구가 늘어나면서 소포장 제품의 수요가 증가했다. 즉 조금 비싸더라도 필요한 만큼만 구매하는 것을 더 경제적이라 느끼는 소비자들이 늘면서 대형마트의 강력한 매력이 감소한 것이다.

대형마트의 또 다른 강점인 다양한 제품 구성 역시 롱테일 효과의 대명사 격인 아마존 같은 대형 온라인 유통업체들이 등장하면서 더 이상 경쟁력으로 작용하지 않게 되었다.

테스코의 여러 매장 유형 가운데 가장 큰 규모인 테스코 엑스트라

나를 즐겁게 했던 몰링malling의 매력도 예전만 못하다. 과거 도시화 초기에는 도시에서 가장 놀거리가 풍부한 공간이 복합쇼핑몰이었기에 여가활동의 장소로 인기를 끌었지만 이제는 미술관, 카페, 공원, 상점가 등 도심 내 놀거리가 풍부해졌다.

이처럼 대형마트의 여러 이점이 사라지면서 접근성이 떨어지는 대형마트를 찾는 소비자들이 줄어들고 있다.

둘째, 심리적 비용psychological cost이 높아졌다.

대형마트는 도심 외곽에 위치하고 주차도 복잡해서 장보는 데 시간이 많이 걸린다. 오늘날 도시 거주자들은 맞벌이 부부가 많고 업무강도도 높아 과거의 소비자들보다 훨씬 바쁘다. 즉 시간의 가치가 높아진 것이다. 그에 따라 대형마트에서 장보는 행위에 대한 심리적 비용도 높아졌다고 볼 수 있다.

도시 거주자들의 자동차 보유율이 낮아진 것 역시 영향을 미쳤다. 과거 대형마트가 빠르게 성장할 수 있었던 배경에는 도시 외곽까지 운전해서 구매한 물건들을 차에 실어 돌아갈 수 있는 소비자가 많았다는 점을 빼놓을 수 없다. 하지만 파리나 런던 같은 유럽 대도시들의 대중교통 인프라가 확충되고 우버 등 공유차량 서비스가 생겨나면서 차량을 보유하지 않은 거주자들이 증가하고 있다. 자가용 없는 소비자들에게 도시 외곽까지 장을 보러 나간다는 것은 심리적 비용이 높은 행위일 수밖에 없다.

셋째, 소비자들의 라이프스타일이 변화하고 있다.

기업이 지속적으로 성장하려면 젊은 소비자들이 신규고객으로 계속 유입되어야 한다. 그러나 대형마트는 밀레니얼 소비자들의 라이프스타일에 부합하는 유통채널이 아니다. 밀레니얼 소비자들은 건강에 관심이 많아 채소와 과일 등 신선식품을 소량으로 자주 구매하기를 선호한다. 그렇기에 대형마트 대신 집 근처 슈퍼마켓을 수시로 방문한다.

아울러 이들의 개인주의적 성향 역시 동네 슈퍼마켓 선호에 영향을

2부 유럽 마트에서 관찰하는 소비 트렌드

미쳤다. 개인주의자들도 타인과의 소통 욕구가 있지만 교감의 시간적, 심리적 비용이 높아서는 안 된다. 이들에게 동네 슈퍼마켓이나 식료품점은 장을 보면서 주인 또는 직원들과 자연스럽게 인간적인 교감을 하기에 딱 좋은 장소다. 상점에 가면 주인이나 직원과 악수를 하고 인사를 한다. 단골에게는 그날 입고된 신선한 생선을 귀띔해준다거나, 스테이크 고기를 살 때 뼈를 제거하고 무게를 재는 등의 특혜가 주어진다. 이처럼 시간적, 심리적 비용이 낮은 동네 슈퍼마켓에서의 소소한 교감이 대형마트의 경쟁력 하락으로 이어진 것이다.

대형마트는 낮은 접근성 때문에 트렌드에 뒤처진 유통채널이 되어버렸다. 이는 곧 접근성이 공간의 가치에서 차지하는 비중이 높아졌다는 뜻이기도 하다.

이런 변화는 대형마트 기업들의 주가 하락으로 이어졌다. 가령 프랑스 최대 유통기업으로 복합쇼핑몰에 대형마트를 입점시키는 컨셉을 세계 최초로 고안한 까르푸, 한국 홈플러스의 모기업이자 영국 최대 유통기업인 테스코Tesco 주가는 몇 년 전 정점을 찍은 후 하락하고 있다. 심지어 까르푸는 아마존의 인수합병 대상으로까지 거론된 바 있다. 접근성이 낮은 대형마트 기업의 주식을 계속 보유하고 있던 투자가는 큰 손실을 봤을 것이다. 마케터라면 접근성과 공간의 상관관계에 주목해야 한다.

유럽의 동네 마트 정육코너는 특히 '단골 찬스'로 가득한 공간이다.

2부 유럽 마트에서 관찰하는 소비 트렌드

다만 한 가지 흥미로웠던 부분은 월마트, 크로거Kroger 등 미국의 대형마트 기업들은 주가 하락세가 상대적으로 더뎠다는 점이다. 미국에 사는 지인들에게 확인해보니 미국 역시 공유차량 서비스가 등장하면서 밀레니얼 세대들의 차량 보유율이 감소하고 있는 것은 맞지만, 동시에 일부 도시에서는 대형마트에 장을 보러 갈 때 공유차량 서비스를 이용하는 소비자들도 증가하고 있다고 한다. 소비자의 특성과 비즈니스 환경에 따라 동일한 변화가 다른 결과로 이어질 수 있음을 유념해야 한다는 사실을 새삼 느꼈다.

대형마트가 동네 슈퍼마켓이 된다면?

소비자와의 접근성이 떨어지는 공간의 가치가 하락하고 있다. 하지만 아예 기회가 없는 것은 아니다. 이들 기업이 대안을 마련할 경우 재기에 성공할 여지는 얼마든지 있다. 실제로 접근성의 약점을 극복한 사례가 있다. 우리에게 친숙한 이마트가 그것이다.

이마트는 국내 유통기업들 가운데 가장 적극적으로 대형마트의 낮은 접근성 이슈에 대응해왔다. 기존 대형마트 사업 대신 온라인 커머스(SSG.com), 편의점(이마트24), 도심 내 할인형 슈퍼마켓(노브랜드 스토어) 등 소비자와의 접근성이 높은 유통 플랫폼을 육성하고, 피코크나 노브랜드 등 플랫폼을 채울 PB 상품들을 개발해 수익성을 극대화했다. 소비자들이 가격은 대형마트처럼 낮되 접근성은 높고, 소량 구매가 가능한 유통채널을 선호한다는 사실을 파악한 결과다. 그 덕분에 이마트 주가 또한 큰 폭으로 상승했다.

내가 이마트의 변화를 빠르게 파악할 수 있었던 것은 정용진 부회장의 인스타그램 계정 덕이 컸다. 정용진 부회장은 유럽과 미국의 여러 유통업체 및 식품 관련 공간을 방문한 뒤 이를 인스타그램에 공유하는데, 그곳이 구체적으로 어디인지 명시하지는 않는다. 하지만 나는 여행을 하면서 유럽의 식품 관련 공간을 여러 차례 가보았기에 그가 어디를 갔는지 알아볼 수 있었다. 그리고 이를 통해 이마트가 지향하는 변화의 방향성, 나아가 이마트의 주가 회복까지 가늠해볼 수 있었다.

소셜미디어 개인 계정을 적극적으로 운영하는 기업 경영자는 많지 않다. 하지만 그 소수의 계정은 마케터 입장에서 해당 기업의 철학, 방향성, 기업가치를 가늠해볼 수 있는 좋은 정보원이 된다. 소셜미디어를 효과적으로 활용하는 국내 경영자로는 정용진 부회장과 현대카드 정태영 부회장이 유명하며, 해외에서는 테슬라의 엘론 머스크, 아마존의 제프 베조스, 페이스북의 마크 저커버그가 대표적이다.

내가 특히 소셜미디어를 좋아하는 이유는 심리가 반영된 희소성 높은 정보를 제공하기 때문이다. 동일한 사진이 올라왔다 하더라도 그 목적이 홍보, 지식공유, 과시, 각오 등 다양할 수 있다. 이를 잘 해석하는 것이 마케터의 역량 아닐까?

2부 유럽 마트에서 관찰하는 소비 트렌드

아울러 투자자 관점에서 본다면 접근성 때문에 저평가된 기업에도 주목할 필요가 있다.

도시 외곽의 대형마트와 복합쇼핑몰이 고전하면서 이들의 운영권을 보유하고 있는 일종의 부동산 투자 조합인 리츠REITs의 주가 역시 많이 하락했다. 복합쇼핑몰은 입점 업체들과 장기 계약을 체결하기에 소비 트렌드에 맞춰 유연하게 변화하기는 어렵다. 하지만 부동산 자체의 가치가 하락한 것이 아니라 현재 입점한 업체들이 소비 트렌드에 맞지 않아 일시적으로 부진한 것이므로 시간이 지나면 해결될 수 있는 문제다. 그렇기에 좋은 부동산을 보유하고 있는데도 주가가 하락한 리츠는 오히려 좋은 투자 대상이 될 수 있다.

이런 이유로 나는 클레피에르Klepierre와 사이먼 프로퍼티 그룹Simon Property Group*을 주목하고 있다. 클레피에르는 유럽 상장기업 가운데 두 번째로 큰 쇼핑몰 운영업체로 프랑스, 네덜란드, 이탈리아, 독일, 스페인, 터키의 주요 쇼핑몰 운영권을 보유하고 있으며, 사이먼 프로퍼티는 클레피에르의 지분 20.3%를 보유하고 있는 미국 최대 쇼핑몰 기업이다. 두 기업 모두 최근 주가는 하락세이지만 부지 활용방안이나 입주 업체들의 구성을 바꾸고, 혹은 접근성이 낮은 부지를 매각한 뒤 접근성이 높은 부지를 매입한다면 기업가치가 반등할 여지가 있다.

* 국내에는 신세계 그룹과 50대 50으로 신세계사이먼이라는 합작사를 설립해 여주, 파주, 부산, 시흥에 프리미엄 아웃렛을 운영하고 있다.

우리는 여기서 제품 및 브랜드뿐 아니라 공간 역시 마케터의 중요한 관찰 대상임을 알 수 있다. 그러니 마케터라면 비단 여행뿐 아니라 일상에서도 다양한 공간을 방문해볼 필요가 있다. 여기에서도 한 곳에 집중하는 여행기술을 발휘해보자. 새롭게 생겨나는 공간, 이른바 핫플레이스를 방문하는 것도 좋지만 나는 같은 공간을 여러 차례 방문하면서 그 공간이 그때그때 어떻게 변화하는지 관찰하는 것에서 더 큰 흥미를 느끼곤 한다.

Carrefour SA
EPA: CA
15.90 EUR

까르푸 프랑스 증시 차트

Tesco PLC
LON: TSCO
197.55 GBX

테스코 영국 증시 차트

고객과의 낮은 접근성 때문에 트렌드에 뒤처진 대형마트들의 기업가치는 이처럼 계속해서 하락하고
있다. 마케터뿐 아니라 투자가 역시 소비 트렌드에 관심을 가져야 하는 이유다.

Klepierre SA
EPA: LI

28.92 EUR

클레피에르 프랑스 증시 차트

Simon Property Group Inc
NYSE: SPG

185.69 USD

사이먼 프로퍼티 그룹 뉴욕 증시 차트

대형마트가 입점한 복합쇼핑몰 운영 기업들의 가치 역시 하락하고 있다. 복합쇼핑몰이 가치를 회복하려면 대형마트 대신 어떤 업체들이 입점해야 할까? 대형마트와 달리 물리적 접근성에 구애받지 않는 업체라면 좋지 않을까?

삐까, 막스앤스펜서
: 경쟁의 공식을 바꿔놓은
간편식

프랑스에 오기 전까지는 이곳의 음식 문화에 대해 그리 잘 알지 못했다. 그저 미식의 나라인 만큼 요리도 많이 하고 와인도 많이 마실 것 같다는 이미지 정도만 어렴풋하게 있었을 뿐이다. 프랑스 영화나 다큐멘터리에서 가족끼리 둘러앉아 오랜 시간 와인을 마셔가며 꼬꼬뱅(닭고기와 채소를 와인에 장시간 졸여낸 전통 음식) 같은 음식을 나눠먹는 장면을 자주 봐서 그랬던 것 같기도 하다.

그런데 정작 프랑스에 와보니 프랑스인들, 특히 대도시에 거주하는 젊은 프랑스인들은 생각보다 요리를 많이 하지 않는다는 사실을 알게 되었다. 1인 가구의 비중도 상당하고 맞벌이 부부도 많다. 요리할 시간이 부족할뿐더러 가족도 적어서 요리는 경제적으로도 비효율적인 행위다. 따라서 많은 이들이 요리 대신 외식을 하거나 마트에서 가정간편식HMR을 사다 먹곤 한다. 그중에서도 간편식의 소비 증가가 두드러지고 있다. 피자, 카레, 수프, 파스타 등 데우기만 하면 되거나 아예 그럴 필요조차 없는 샐러드 같은 음식을 먹는 것이다. 매일 외식을 하기는 비용이나 시간 면에서 부담스러운 만큼 외식보다는 간편식이 집밥을 대신하고 있다. 집밥은 오히려 손님이 올 때 아니면 주말에나 먹는 특별한 음식이 되어버렸다. 오늘날 프랑스 대도시 거주자의 삶에 미치는 영향은 집밥보다는 간편식이 더 클 것 같다. 더 자주 먹으니까.

특이하게도 유럽 간편식 시장은 식품업체들이 아닌 유통업체들이 주도하고 있다. 이들은 OEM 방식으로 간편식을 생산한 다음 PB 브랜드로 출시한다. 삐까Picard와 막스앤스펜서Marks & Spencer는 프랑스 간편식 시장에서 가장 앞서 있는 유통업체들이다. 국내에는 이마트가 피코크를 개발하는 과정에서 벤치마킹한 기업으로도 잘 알려져 있다.

삐까는 냉동식품만 판매하는 슈퍼마켓이다. 매장 면적이 한국의 대형 편의점과 비슷하며 주로 주거지역 인근에 위치한다. 현재 프랑스 냉동식품 시장점유율 20%인 1위 기업으로 프랑스, 이탈리아, 스페인, 일본, 중국, 태국, 베트남 등 여러 국가의 다양한 음식들을 냉동간편식 형태로 판매한다. 최근에는 비빔밥, 부침개, 김치덮밥 등 한식 메뉴가

2부 유럽 마트에서 관찰하는 소비 트렌드

삐꺄의 간편식(위)과 브랜드 히스토리를 살려 얼음창고를 모티브로 만든 삐꺄의 매장(아래). 한식이 프랑스에서 인기를 끌면서 비빔밥, 부침개, 김치덮밥 등의 제품이 출시되었다.

추가되었으며 간편식 외에 각종 채소, 과일, 해산물, 디저트까지 거의 모든 먹거리 및 식자재를 냉동 형태로 판매하고 있다.

삐꺄가 냉동식품에 특화된 데에는 이유가 있다. 이들은 100여 년 전, 알프스의 얼음을 기차로 운반해 파리 일대에 공급하는 사업자로 시작했다. 이후 냉동식품 전문 슈퍼마켓으로 성장했으며 한때 까르푸에 경영권이 인수되었으나(당시 까르푸 지분율 79%), 현재는 영국의 사모 펀드인 라이온 캐피털(Lion Capital, 지분율 51%)과 스위스 기업이자 유럽 냉동 베이커리 1위 기업인 아리스타(Aryzta, 지분율 49%)• 소유의 기업이다. 현재 프랑스를 넘어 스위스, 벨기에, 룩셈부르크, 이탈리아, 스웨덴, 일본•• 등에 진출했으며, 최근에는 삐꺄의 사업모델을 차용하는 유통기업도 등장하기 시작했다. 한국에서는 롯데가 2017년 삐꺄를 벤치마킹해 냉동식품 전문 슈퍼마켓인 롯데 프리지아를 오픈한 바 있다.

냉동식품 시장을 삐꺄가 쥐고 있다면 냉장간편식 시장의 최강자는 막스앤스펜서다. 1884년 설립된 막스앤스펜서는 세계에서 가장 오래된 식료품 체인점으로, 모든 제품이 소포장 형태이며 채소 및 과일류도 손질 및 세척이 다 된 상태로 판매하기에 가격은 조금 비싸도 바쁜 소비자들에게 안성맞춤이다. 영국 기업이지만 파리에서도 간편식 슈퍼마켓 가운데 가장 인기가 높다. 영국은 높은 물가 때문에 유럽에서도

• 2017년 한국의 삼양사가 아리스타와의 기술제휴로 냉동 베이커리 사업에 진출했다.
•• 일본 유통 대기업인 이온AEON이 파트너로 2018년 현재 도쿄에 2호점까지 론칭했다.

2부 유럽 마트에서 관찰하는 소비 트렌드

간편식 시장이 가장 큰데, 그 시장의 1위 사업자로 올라서는 과정에서 강력한 경쟁력을 확보한 것이 해외진출의 원동력이 되었다. 주가 역시 상승했지만 막스앤스펜서의 의류 및 생활용품 사업이 부진해 지금은 다시 하락한 상태다. 이를 만회하기 위해 식품, 의류, 생활용품을 모두 판매하는 대형매장을 점진적으로 폐쇄하고 한국의 편의점만 한 식품 전문매장인 'M&S Simply Food'를 중심으로 사업을 재편하고 있다. 이 매장의 주요 품목은 물론 냉장간편식이다.

삐꺄와 막스앤스펜서가 프랑스에서 경쟁업체들을 제치고 간편식 시장의 선두로 올라설 수 있었던 이유는 크게 두 가지다.

첫째, 일단 제품 경쟁력이 월등하다. 일반적인 유통업체와 달리 삐꺄와 막스앤스펜서는 급속냉동 기술, 가스치환 기술 등 편의성을 높이고 신선도를 오래 유지하는 기술력을 확보하기 위해 R&D에 많은 자금과 시간을 투자한다. 생산 자체는 OEM 형태로 이뤄지지만, 간편식을 생산하는 데 필요한 핵심기술을 직접 확보해 협력업체들과 공유하는 것이다. 또한 간편식 제품에 대한 소비자들의 신뢰를 높이기 위해 식자재들의 원산지를 특정 지역으로 제한하고, 포장 및 용기 디자인에도 심혈을 기울여왔다. 이 과정에서 음식의 맛을 놓치지 않았음은 물론이다. 이러한 노력이 제품 경쟁력이 되었다.

둘째, 두 기업의 성공은 무엇보다 소비자와의 높은 접근성이 뒷받침

뛰어난 패키징 디자인 역량은 막스앤스펜서의 경쟁력 중 하나다.

2부 유럽 마트에서 관찰하는 소비 트렌드

되었기 때문에 가능했다. 어느 소비재나 그렇겠지만 간편식은 소비자와의 접근성이 더욱더 중요하다. 이는 소비자들이 간편식을 구매하는 패턴 때문인데, 많은 사람들이 퇴근길에 그날 저녁과 다음 날 아침에 먹을 간편식을 사서 집으로 간다. 그러므로 주거지역과 가까운 지하철역 인근에 매장이 있어야 한다. 두 기업이 지속적으로 더 작은 매장, 주거지역과 더 가까운 매장을 늘리는 데 집중하는 이유이기도 하다.

점점 가치가 하락하는 대형마트와 달리 뻬꺄와 막스앤스펜서 같은 간편식 매장의 가치는 꾸준히 상승하고 있다. 이는 단순히 간편식 수요가 증가하는 수준의 변화에 그치지 않는다. 간편식이라는 특정 제품 카테고리가 유통업태 자체를 변화시키고 있음을 인식해야 한다. 그리고 산업을 변화시킬 만큼 영향력 있는 제품을 초기에 알아보는 것이 곧 시장을 보는 안목이다. 아이폰의 진가를 먼저 알아본 사람들이 애플, 삼성전자 및 관련 부품 기업들에 투자해둔 것처럼 말이다.

물리적 거리를 줄이거나, 심리적 거리를 좁히거나

앞에서 소비자와의 접근성이 뻬꺄와 막스앤스펜서의 가치를 높이고 있다는 것을 확인했다. 최근에는 이 현상이 간편식 유통업체뿐 아니라 외식 산업에도 나타나고 있다. 간편식이 기존 외식업체들의 경쟁자로 떠오르면서 영향을 미친 것이다. 이에 따라 접근성 낮은 외식업체의 접근성을 높여주는 서비스를 제공하는 기업, 또는 소비자와의 접근성을 높이는 데 꾸준히 투자하는 외식업체들이 등장하고 있다. 지금부터 살펴볼 음식 배달 스타트업들은 첫 번째 유형에, 도미노 피자는 두 번째 유형에 해당된다.

영국의 저스트잇Just Eat, 네덜란드의 테이크어웨이닷컴Takeaway.com, 독일의 딜리버리히어로Delivery Hero는 각각 자국 증시에 상장된 유럽의 대표적 음식 배달 스타트업이다. 앞에서 언급했듯이 최근 식품 유통 산업의 핵심 이슈가 소비자와의 접근성인 만큼, 기존 외식업체들의 접근성을 높여주는 음식 배달 스타트업들도 빠르게 성장했다. 주가 역시 상승세인데, 한국과 달리 이용자들에게도 수수료를 받고 있어 수익률이 높다는 점도 투자 측면에서 긍정적인 부분이다.

이들 스타트업의 등장으로 타격을 받는 업체들도 물론 있다. 피자 등 원래부터 배달 서비스를 제공하던 외식업체들이다. 음식 배달 스타트업이 등장해 거의 모든 음식이 배달 가능해졌으니, 피자업체로서는 경쟁자가 그만큼 늘어난 셈이다.

하지만 도미노 피자는 이러한 위기에도 지속적으로 성장하고 있다. 소비자와의 접근성을 꾸준히 높여온 덕분이다. 1960년 미국에서 창업한 도미노 피자는 세계 1위 피자업체이자 세계 최초로 피자 배달을 시작한 업체이기도 하다. 도미노 피자는 배달역량, 즉 소비자와의 접근성이야말로 자신의 정체성이라 생각하고 배달 관련 기술에 투자를 지속하고 있다.* 이들은 업계에서 가장 먼저 온라인 및 모바일 주문 서비스를 도입했으며 드론, 오븐을 탑재한 배달차, 자율주행기술 및 LBS와 GPS 기술을 도입한 무인 배달차, 챗봇, 음성인식 기술 등의 신기술을 주문 및 배달 시스템에 적용하는 시도를 계속해왔다. 그 과정에서 많은 시행착오를 겪거나 일시적으로 수익이 줄기도 했지만, 결과적으로 도미노 피자는 모바일 주문 비중을 경쟁업체들보다 높이고 밀레니얼 세대를 고객으로 유입시키는 성과를 거두었다. 밀레니얼 소비자들이 도미노 피자라는 브랜드를 좀 더 친근하게 느끼도록 하는 데 이들이 개발한 다양한 신기술이 기여한 것이다. 파파존스, 피자헛 등의 성장이 둔화된 와중에도 도미노 피자는 계속 성장하고 있는 이유다.

지금 이 순간에도 세계 어디에선가 다양한 모빌리티 서비스가 생겨나고 있다. 마케터라면 소비자와의 물리적 거리physical distance뿐 아니라 심리적 거리psychological distance까지 줄일 수 있는 접근성 마케팅 혹은 접근성 브랜딩에 관해 고민해보아야 할 시점이다.

---

* 도미노 피자는 배달 시간 30분을 넘기면 피자를 무료로 주는 프로모션을 1973년부터 시행한 접근성 마케팅의 원조 기업이다. 현재는 배달원의 안전 문제로 해당 프로모션은 중단되었다.

저스트잇 영국 증시 차트

테이크어웨이닷컴 암스테르담 증시 차트

마트 및 슈퍼마켓의 간편식과 경쟁하기 위해 외식업체들은 음식 배달 스타트업들과 협업하여 고객과의 접근성을 높이고 있다. 덕분에 음식 배달 스타트업들이 빠르게 성장하고 있다. 한국의 1등 음식 배달 서비스인 배달의민족 상장 역시 기대된다.

Domino's Pizza, Inc.

NYSE: DPZ

277.32 USD

도미노피자 뉴욕 증시 차트

외식업체들은 자체적으로 배달 기술에 투자하는 것으로도 고객과의 접근성을 높일 수 있다. 음식 배달 스타트업들의 서비스를 이용하는 것보다 비용은 훨씬 크지만 성공하여 거두는 이익 역시 훨씬 크다. 도미노 피자 주가를 확인해보면 쉽게 알 수 있다.

알디, 이딸리
: 국경의 한계를 넘은
유럽의 유니크한 유통기업들

　　다른 산업과 달리 식품 유통은 현지 업체들
의 시장 장악력이 유독 큰 편이다. 국경을 맞대고 있는 유럽 국가들도
나라마다 대표적인 마트나 슈퍼마켓이 다 다르다.

　　사실 유통업체의 해외진출은 결코 쉬운 일이 아니다. 세계 1위 월마
트가 미국 밖에서는 고전을 면치 못하고, 롯데마트와 이마트가 중국
에서 사업을 철수한 것만 봐도 알 수 있다. 일단 나라 별로 소비자들
이 선호하는 식품이 다르고, 유통기한이 짧은 신선식품이나 냉장 유
통을 요하는 가공식품 공급망을 해외 업체가 현지 업체만큼 촘촘하
게 구축하기도 쉽지 않기 때문이다.

하지만 기업이 성장하려면 해외진출은 필수다. 그리고 이에 성공하려면 현지 업체들과 차별화된 가치를 제공해야 한다. 유럽 여행을 하다 보면 다른 유럽 국가, 또는 다른 대륙으로 진출하는 데 성공한 유통업체를 가끔 만나게 되는데, 이번에는 이들 업체들의 차별화된 경쟁력에 관해 얘기해볼까 한다. 알디ALDI, 리들LIDL, 비오쎄봉Bio C' Bon, 이딸리Eataly가 그들이다.

도심 슈퍼마켓이 대형마트보다 싸게 파는 법

도심형 할인 슈퍼마켓을 표방하는 독일의 알디와 리들은 유럽 유통업체들 가운데 해외진출이 가장 활발하다. 알디는 칼과 테오 알브레히트 형제가 1962년 창업했으며, 현재는 남알디(ALDI Sud, 칼 소유)와 북알디(ALDI Nord, 테오 소유)로 분리 경영이 이뤄지고 있다. 유럽 외에도 미국, 호주, 중국 등에 진출했으며, 미국에서 인기 있는 슈퍼마켓인 트레이더스조Trader's Joe는 북알디 소유 기업이다.

리들은 1930년 조세프 슈워츠가 식품도매상으로 출발했다가 1977년 아들 디에터 슈워츠가 물려받으면서 알디와 같은 도심형 할인 슈퍼마켓으로 변화했다. 〈포브스〉에 따르면 알디를 물려받은 칼과 테오의 후계자들은 각각 독일 1위이자 세계 24위, 독일 4위이자 세계 44위의 부자이며, 리들의 디에터는 독일 6위이자 세계 53위의 부자일 정도로 이

리들 매장은 비용 절감을 위해 박스째 디스플레이하는 것이 특징이다. 알디 역시 유사한 구조다.

두 기업은 사업적으로 큰 성공을 거뒀다.

알디와 리들의 성공은 고성장기가 아닌 저성장기에 적합한 사업 모델 덕분에 가능했다. 장기간 저성장 기조가 이어지면서 소득 수준이 낮고 차량을 보유하지 않으며 도시에 사는 1~2인 가구 소비자들이 증가했다. 이들이 유통업체에 기대하는 니즈는 높은 접근성과 낮은 가격이다. 알디와 리들은 적극적인 PB 상품 개발, 효율적인 물류 시스템 구축, 매장 구조 및 진열 방식 효율화, 신속한 시장 대응 등의 전략으로 회전율을 극대화함으로써 매장 면적은 작고 임대료만 높은 도심에 위치했음에도 제품 가격을 대형마트 수준으로 낮추는 데 성공했다. 또

2부 유럽 마트에서 관찰하는 소비 트렌드

한 현재는 규모의 경제까지 달성하여 신규 경쟁자들의 진입을 효과적으로 막아내고 있다. 이러한 배타적 경쟁력을 바탕으로 두 업체는 해외진출에도 성공할 수 있었다.

올바른 먹거리? 럭셔리 먹거리!

한편 비오쎄봉은 최근 프랑스 유통 산업에서 가장 높은 성장률을 보이는 유기농 슈퍼마켓 시장에서 선전하고 있다. 비오쎄봉은 경쟁업체인 나뚜렐리아(Naturalia, 1973년)나 비오쿱(Bio Coop, 1986년)보다 늦은 2008년에 창업했다. 나뚜렐리아는 프랑스의 유통 대기업인 카지노 그룹Casino Group의 계열사 모노프리Monoprix에 2008년 인수되면서 매장 500개가 넘는 프랑스 최대 유기농 슈퍼마켓으로 성장했고, 소비자 협동조합 형태인 비오쿱은 프랑스에 400개 이상의 점포를 보유하고 있다.

반면 비오쎄봉의 점포는 아직 100여 개에 불과하다. 하지만 비오쎄봉은 세 업체 가운데 유일하게 해외시장에 진출해 전체 점포의 약 30%가 이탈리아, 벨기에, 스페인, 일본 등 해외에 있다.

후발주자인 비오쎄봉의 글로벌 경쟁력은 어디서 나오는 것일까?

유기농 식자재는 높은 생산비용 때문에 일반 식자재보다 가격이 비싸다. 그러므로 유기농 슈퍼마켓은 소비자들에게 추가 비용을 지불할

타당한 근거를 제시해야 한다. 나뚜렐리아와 비오쿱은 소비자들에게 유기농 식품의 비싼 가격은 환경을 보호하고 건강한 먹거리를 먹는 대가라고 설명해왔다. 즉 유기농 식품을 '올바른 먹거리'로 포지셔닝한 것이다.

반면 비오쎄봉은 유기농 식품을 '럭셔리 먹거리'로 포지셔닝했다. 인간의 과시적 소비라는 욕망에 기댄 전략이다. 유기농 식자재와 먹거리를 판매하는 슈퍼마켓이라는 컨셉에 프랑스 슈퍼마켓이라는 원산지 효과country-of-origin effect가 더해져 해외에서 비오쎄봉의 럭셔리 슈퍼마켓 정체성은 더욱 굳건해졌다. 비오쎄봉에서 장을 보는 소비자들은 프랑스의 럭셔리한 소비문화를 즐긴다는 기분을 만끽할 수 있다. 유기농 식문화가 프랑스만의 것이 아님에도 비오쎄봉은 럭셔리 브랜딩 전략 덕분에 프랑스를 넘어 해외시장에 성공적으로 진출할 수 있었다.

이딸리는 전 세계에서 이탈리아 식자재를 가장 전문적으로 판매하는 식료품점이다. 하지만 단순히 식료품만 판매하는 공간은 아니다. 이탈리아 음식과 관련된 서적, 이탈리아 와인, 여기에 이딸리에서 판매하는 식자재를 사용한 이탈리아 레스토랑까지 입점한 '이탈리안 푸드 라이프스타일 공간'이 좀 더 정확한 표현일 것이다. 이딸리를 방문한 고객들은 매장 내 레스토랑에서 이탈리아 음식과 와인을 맛보고, 맛본 음식의 레시피가 담긴 서적과 필요한 식자재, 여기에 더해 이탈리

유기농 식자재와 먹거리를 판매하는 슈퍼마켓이라는 컨셉을 취한 비오쎄봉 매장(위). 비오쎄봉을 비롯한 유기농 슈퍼마켓에서는 제품 포장을 최소화하는 것이 특징이다(아래).

큰 규모를 자랑하는 이딸리 밀라노 매장. 다양한 이탈리아 와인을 갖추고 있다.

2부 유럽 마트에서 관찰하는 소비 트렌드

아 와인까지 사들고 집으로 돌아갈 수 있다.

요컨대 이딸리의 가장 큰 경쟁력은 이탈리아 음식 그 자체에 있다. 이탈리아 음식은 중국 음식과 더불어 세계화가 가장 잘 이뤄진 음식이며, 조리가 쉽고 건강하면서도 맛있다. 이러한 경쟁력 덕분에 해외에서도 이탈리안 식자재에 대한 수요가 높다. 덕분에 이딸리는 전 세계에 30여 개의 매장을 론칭했으며, 매년 빠르게 매장 수를 늘려가고 있다.

최근에 이딸리는 미국 시장을 적극적으로 공략하고 있다. 미국이야말로 세계에서 가장 큰 식품 소비국인 데다 이탈리아 이민자들이 이미 이탈리아 음식을 대중화한 상태이며, 건강식 열풍과 결합해 파스타나 샐러드, 파니니 등의 이탈리아 음식이 미국에서 큰 인기를 얻고 있기 때문이다. 이딸리는 2018년 현재 뉴욕, 시카고, LA, 보스턴 등에 5개의 매장을 운영 중이며 샌프란시스코와 라스베이거스 매장 개점을 앞두고 있다. 이딸리가 계획대로 밀라노 증시에 상장할 수 있을지 여부는 향후 이탈리아가 아닌 미국 시장에서의 성과에 달려 있다고 봐도 무방하다.

알디, 리들, 비오쎄봉, 이딸리의 사례에서 살펴보았듯이, 현지 경쟁자들이 제공할 수 없는 차별화된 소비자 가치를 제공하는 유통업체들만이 해외시장에 성공적으로 진출할 수 있다. 기업이 생존하기 위해서는 성장해야 하며, 해외진출은 성장을 위한 필수 요건이다. 그러므로 관심 있는 기업이 있다면 해외진출에 성공할 만한 차별화된 경쟁력을 갖추고 있는지 확인해보는 것도 흥미로울 것이다.

또한 마케터로서 자신이 담당하는 브랜드에서 어떤 가치를 뽑아내 브랜드 아이덴티티를 구축할지 늘 고민해야 한다. 단지 국내 소비자만을 염두에 두지 말고, 우리 브랜드의 차별화된 가치가 해외 소비자들에게도 통할지 판단할 수 있어야 한다.

코스트코가 아마존에 맞서 싸우는 법

전 세계 수많은 유통업체 가운데 나는 코스트코야말로 가장 차별화된 가치를 소비자들에게 제공한다고 생각한다. 실제로 이 기업은 진출한 대부분의 나라에서 폭발적인 인기를 얻고 있다. 한국에서도 예외가 아니었으며 최근에는 영국(28개)을 필두로 스페인(2개), 아이슬란드(1개), 프랑스(1개) 등 유럽 진출에도 박차를 가하고 있다.

코스트코의 최대 경쟁력은 낮은 가격과 다양한 제품군이며, 이를 발판으로 주가 역시 꾸준히 상승했다. 그럼에도 많은 이들이 코스트코의 미래에 대해 의구심을 제기하고 있다. 아마존의 존재 때문이다. 오늘날 전 세계 오프라인 유통업체들에게 가장 위협적인 존재는 바로 아마존이다. 아마존은 온라인 판매량을 바탕으로 규모의 경제를 이뤘으며 홀푸드 마켓을 인수하고 무인매장인 아마존고Amazon Go를 론칭하는 등 오프라인 식품사업 진출에도 적극적이다. 세계 1위 오프라인 유통기업인 월마트조차 아마존에게 밀리고 있는 형국이니 많은 사람들은 향후 아마존이 코스트코의 사업 영역에 진입할 경우 코스트코 역시 위기를 겪을 것이라 예상하고 있다.

하지만 나는 코스트코의 기업가치는 앞으로도 계속 높아질 것이라 생각한다. 이유는 다음과 같다.

첫째, 코스트코 매장에 직접 가서 둘러보는 체험의 즐거움이 온라인으로 완벽히 대체되기는 어렵다. 코스트코의 장점은 더 이상 저렴함만이 아니다. 이제는 이국적인 식문화를 경험할 수 있는 공간으로 인식되고 있다.

둘째, 커클랜드Kirkland를 비롯한 코스트코의 PB 상품을 애용하는 로열티 높은 소비자들이 상당수다.

셋째, 주차, 쇼핑, 계산 등에 소요되는 쇼핑시간이 길다는 코스트코의 단점은 인스타카트Instacart와 같은 식료품 배달 스타트업의 등장으로 일정 부분 해소되었다.

이러한 이유로 나는 코스트코가 아마존과 공존할 수 있으리라 생각한다. 실제로 〈월스트리트 저널〉의 조사에 따르면 다수의 미국 소비자들이 아마존의 유료 멤버십인 아마존 프라임과 역시 유료 멤버십인 코스트코 연간 회원권을 모두 보유하고 있다고 한다. 코스트코와 아마존이 공존할 수 있다는 또 하나의 판단 근거다.

이에 더해 해당 카테고리 내에서 코스트코와 경쟁할 만한 2위 업체가 없으므로 아마존이 인수합병으로는 이 시장에 진출하기 어렵다는 점도 코스트코의 기업가치를 높이는 요인이다. 아마존이 가장 탐낼 만한 잠재적 인수합병 대상이 바로 코스트코일 것이기 때문이다. 즉 아마존이 코스트코의 시장에 진출하고자 할수록 코스트코의 가치는 높아질 수밖에 없다. 코스트코 기업가치를 보장해주는 일종의 보호장치인 셈이다.

차별화는 모든 비즈니스의 성장전략이자 생존전략이다. 지금의 차별화를 유지하는 한 코스트코의 기업가치는 앞으로도 계속 상승할 것이다. 마케터가 늘 차별화를 고민해야 하는 이유다.

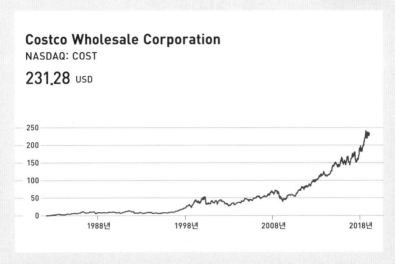

Costco Wholesale Corporation
NASDAQ: COST

231.28 USD

코스트코 나스닥 차트

코스트코는 세계에서 가장 차별화된 가치를 제공하는 희소성 높은 유통업체다. 그렇기에 코스트코의 주가는 오랜 기간 꾸준히 상승할 수 있었다. 코스트코의 미래 주가 또한 현재의 희소성을 계속 유지할 수 있는지 여부에 달려 있을 것이다.

이야마
: 지속가능한 코펜하겐의
지속가능한 슈퍼마켓

내가 살고 있는 파리는 유럽 어느 도시와 비교해도 마트나 슈퍼마켓의 수준이 높은 편이다. 미식의 나라 프랑스의 수도 아니겠는가? 다양한 카테고리의 유통업체들이 있어 저렴한 식자재부터 비싼 고급 식자재까지 모두 구할 수 있는 곳이 바로 파리다.

그런데 지속가능성sustainability 측면에 관한 한 파리의 수많은 식품 유통업체도 따라갈 수 없는 슈퍼마켓이 덴마크에 있다. 바로 이야마 IRMA다.

잘 알려졌다시피 지속가능 경영이란 기업의 경제적 이익 추구가 미래 세대의 욕구 충족 기반을 저해하지 않도록 하는 것을 의미한다. 슈

2부 유럽 마트에서 관찰하는 소비 트렌드

퍼마켓의 경우 유기농 식자재 및 지역의 제철 신선식품 판매 비중을 높이고, 태양광 및 풍력 발전 등의 신재생에너지를 사용하며, 포장용기 사용을 최소화하는 등의 경영 활동들이 이에 해당된다.

덴마크의 프리미엄 슈퍼마켓인 이야마는 1886년에 개점해 영국의 막스앤스펜서에 이어 세계에서 두 번째로 오래된 식료품 체인점으로, 80여 개의 점포 대부분이 코펜하겐 및 인근에 집중해 있다. 대형마트가 아니라 작은 슈퍼마켓임을 고려한다면 오랜 역사에 비해 점포수가 많은 편은 아니다.

규모가 크지 않은 이야마가 오랜 역사를 자랑하며 지속가능한 슈퍼마켓이 될 수 있었던 데에는 덴마크 소비자 협동조합Coop amba의 자회사였던 것도 한몫했다. 덴마크 소비자 협동조합은 일반적으로 생각하는 단순한 조합 수준을 넘어선다. 다수의 슈퍼마켓 및 마트 체인을 소유하고 있으며 총 시장점유율이 40%에 육박하는 덴마크 1위의 유통기업이다. 이야마는 소비자 협동조합의 자회사였기에 단기적인 이익 창출에 연연하지 않고 장기적 관점에서 사회적 가치를 창출하는 데 집중할 수 있었다. 이야마와 덴마크 소비자 협동조합은 각각 2015년, 2016년에 덴마크 지속가능한 브랜드 1위에 선정될 만큼 지속가능성 측면에서 높은 평가를 받고 있다.

하지만 나는 이야마가 유럽 최고의 지속가능한 슈퍼마켓으로 성장할 수 있었던 것이 소비자 협동조합 덕분만은 아니라고 생각한다. 이

이야마는 매장 외부 및 입구 쪽에 제철 로컬 신선식품들을 디스플레이하는 전략으로 브랜드 정체성을 강화한다.

2부 유럽 마트에서 관찰하는 소비 트렌드

야마가 위치한 코펜하겐이라는 도시 자체의 높은 지속가능성 덕분 아닐까? 코펜하겐은 2014년 유럽 위원회European Commission가 유럽의 녹색수도European Green Capital로 선정할 만큼 지속가능성이 높은 사회다. 그만큼 지속가능한 먹거리에 대한 수요도 높았기에 이야마의 사업 방식이 먹힌 셈이다. 구체적으로 살펴보면 다음과 같다.

첫째, 이야마의 성공에는 사회의 지속가능한 미식 철학이 뒷받침되었다.

코펜하겐은 '뉴 노르딕 퀴진New Nordic Cuisine'의 중심지다. 뉴 노르딕 퀴진이란 2004년 코펜하겐의 레스토랑 노마의 오너 셰프인 르네 레드제피René Redzepi를 중심으로 시작된 미식의 새 흐름이다. 북유럽의 신선한 제철 식자재만으로 염장, 훈연, 마리네이드 등 북유럽의 전통 조리법을 현대적으로 재해석한 음식을 만든다. 덕분에 노마는 세계 최고의 레스토랑 반열에 올라설 수 있었다. 이후 노마 출신의 셰프들이 노마의 철학을 이어받은 레스토랑을 연이어 오픈하면서 뉴 노르딕 퀴진은 미식의 중요한 한 갈래로 자리 잡았다.

뉴 노르딕 퀴진이 높은 평가를 받는 이유는 식자재가 풍부하지 않은 북유럽 같은 지역에서도 제철의 로컬 식자재만으로 건강하고 맛있는 음식을 만들 수 있다는 사실을 입증했기 때문이다. 한계도 물론 있다. 한 끼 식사비가 몹시 비싸기 때문에 뉴 노르딕 퀴진을 즐길 수 있는 사람들이 제한적이다. 하지만 한 사회의 음식 문화가 나아갈 방향을 제시하는 것만으로도 노마와 같은 파인 다이닝은 제 몫을 다 했다고 할 수 있지 않을까. 노마가 존재함으로써 코펜하겐은 지속가능한 식자재와 먹거리에 대한 수요가 높은 사회가 될 수 있었다. 그리고 그 수요를 충족시키는 역할을 성공적으로 수행하고 있는 것이 바로 프리미엄 슈퍼마켓인 이야마다.

이야마는 전 세계에서 유기농 제품을 가장 많이 판매한 기록을 가지고 있으며, 신선도를 유지하고 식자재 폐기를 최소화하기 위해 신선식품 및 간편식은 하루 판매될 수량만큼만 매장에 공급한다. 아울러 로컬 식자재 판매도 활발해 샐러드의 경우 연어, 고등어, 각종 갑각류, 어란 등 덴마크에 풍부한 해산물이 많이 사용되며 과일 역시 블루베리를 비롯한 각종 야생베리 등 추운 지역에서 나는 품종의 판매 비중이 높다. 그러면서도 이야마에서 판매되는 신선식품, PB 형태로 판매되는 커피, 유제품, 간편식 등은 파리에 사는 내가 부러워할 정도로 정말 맛있다.

즉 이야마가 지속가능한 슈퍼마켓으로 자리 잡을 수 있었던 것은 뛰어난 역량 때문이기도 하지만 뉴 노르딕 퀴진이라는 철학의 영향으로 코펜하겐에 지속가능한 식자재 및 식품에 대한 수요가 높았던 덕도 크다.

둘째, 수평적 사회 분위기의 영향이 있다.

이야마는 다소 가격대가 높은 프리미엄 슈퍼마켓이기는 하지만 전 세계 최고급 식자재를 판매하는 럭셔리 슈퍼마켓은 아니다. 아니, 코펜하겐에는 럭셔리 슈퍼마켓 자체가 없다. 일반적으로 한 도시의 럭셔리 슈퍼마켓은 고급 백화점 지하에 있는데, 코펜하겐 최고의 백화점인 일룸Illum 백화점 지하에는 럭셔리 슈퍼마켓 대신 이탈리아 식료품점인 이딸리가 입점해 있다.

부유한 덴마크의 수도임에도 럭셔리 슈퍼마켓이 없는 이유가 뭘까. 부유층이 럭셔리 슈퍼마켓을 이용하는 데에는 자신을 대중과 차별화하고 부를 과시하고자 하는 욕망이 크게 작용한다. 그런데 덴마크는 굉장히 수평적인 사회이기에 부유층의 과시적 욕구가 적다. 좋은 식자재에 관심이 높다면 소득 수준에 관계없이 이야마 같은 프리미엄 슈퍼마켓을 이용하는 사회가 바로 코펜하겐이다. 럭셔리 슈퍼마켓이 없기 때문에 이야마는 소비력이 높은 부유층까지 고객으로 흡수해 안정적으로 성장할 수 있었다.

지속가능 경영을 위해서는 기업은 더 높은 비용을 감당해야 하고 소비자도 더 비싼 가격을 감수해야 한다. 그러므로 지속가능 경영의 성공 여부는 일정 규모 이상의 고객층을 확보해 비용과 가격을 낮추는 데 달려 있다. 기업철학과 제품 경쟁력 못지않게 지속가능성에 대한 사회 전반의 높은 관심이 이야마의 성공을 가능케 했다고 보는 이유다. 가령 여러 전기자동차 기업들 가운데 가장 먼저 성공 반열에 오른 것은 지속가능성에 관심 많은 고객들이 모여 있는 실리콘밸리의 테슬라였던 것처럼 말이다.

마케팅에는 소비자 학습consumer learning이라는 개념이 있다. 과거에 없던 전혀 새로운 제품을 판매하기 위해 우선 소비자에게 해당 제품의 필요성과 사용법을 자연스럽게 학습시키는 마케팅 기법을 의미한다. 스마트폰(아이폰), 태블릿(아이패드), 스마트워치(애플워치) 등을 대중화한 애플은 소비자 학습 역량이 뛰어난 대표적인 기업이다.

지속가능 경영 역시 마찬가지 아닐까? 이야마의 사례에서 알 수 있듯이 지속가능 경영은 기업이 속한 사회 구성원들의 공감대가 바탕이 되어야 한다. 즉 사회 자체의 지속가능성이 먼저 높아져야 하는 것이다. 지속가능성을 경영에 도입하는 데 관심 있는 기업이라면 지속가능성에 관한 소비자 학습 전략을 병행할 필요가 있다.

지속가능성을 비용이 아닌 성장동력으로

이야마 외에도 덴마크에는 눈여겨봐야 할 지속가능 기업이 여럿 있다. 덴마크 최대 전력 회사인 외르스테드Ørsted도 그중 하나다. 신재생에너지만 생산하는 기업으로 특히 해상풍력 발전에서는 세계 최고의 경쟁력을 갖추고 있다.

외르스테드가 처음부터 지속가능 경영을 추구했던 것은 아니다. 국유기업인 외르스테드의 변신에는 덴마크 정부의 적극적인 의지가 큰 역할을 했다.

외르스테드의 원래 이름은 동에너지Dong Energy, Danish Oil and Nautural Gas였다. 기업명에서 알 수 있듯이 석유 및 천연가스 생산을 기반으로 성장한 전력회사다. 하지만 친환경 사회로 나아가고자 하는 덴마크 정부의 강한 의지로 외르스테드는 기존 사업을 정리하고 화석연료 대신 풍력과 바이오매스 등 신재생에너지 사업에 집중하겠다고 선언했다. 석유 및 천연가스 사업과 관련이 없어진 만큼 기업명도 덴마크의 유명 과학자 이름을 따서 외르스테드로 교체했다.

덴마크 정부는 외르스테드의 신재생에너지 사업을 육성하기 위해 미국 투자은행의 투자 유치도 마다하지 않았다. 사회주의적 성향이 강한 덴마크에서는 매우 이례적인 일로, 당시 큰 논란과 반발이 있었지만 덴마크 정부는 이를 밀어붙였다. 2014년 1월 골드만삭스는 동에너지에 약 1조 5000억 원을 투자했으며(지분율 18%) 결과적으로 양측 모두에게 성공적인 투자가 되었다. 외르스테드는 100% 신재생에너지 기업으로 거듭났으며 골드만삭스는 상장 과정에서 큰 수익을 냈다.

이러한 변신을 통해 외르스테드는 단순한 전력회사가 아닌 덴마크 신재생에너지 플랫폼의 중심 기업으로 탈바꿈했다. 덴마크의 신재생에너지, 그중에서도 풍력 발전 산업이 성장하는 데 핵심적인 역할을 수행했고, 자국의 풍력 터빈 제조업체인 베스타스Vestas의 최대 고객으로서 베스타스가 세계 1위 기업으로 성장하는 데 기여했다.

또한 레고 그룹Lego Group, 노보 노디스크Novo Nordisk, 노보짐Novo-zyme 등 덴마크의 대표적인 글로벌 기업들과 조인트벤처를 설립하여 풍력 및 바이오매스 발전소를 운영하고 있다. 단순히 신재생에너지를 공급하는 데 그치지 않고 기업들로 하여금 발전소 운영에 직접 참여하도록 유도한 것이다. 외르스테드 덕분에 다른 덴마크 기업들의 지속가능 경영이 강화됐으며, 지속가능성에 의지를 보이는 덴마크 기업들 덕분에 외르스테드 역시 성장할 수 있었던 것이다. 양측 모두 덴마크 사회의 지속가능한 에너지 플랫폼의 구성원인 셈이다.

이야마나 외르스테드 사례에서 보듯이, 이제는 지속가능성을 비용으로 인식하지 않고 성장의 새로운 동력으로 바라볼 필요도 있지 않을까. 외르스테드는 처음부터 지속가능성을 추구한 기업은 아니었지만, 지속가능성에 대한 덴마크 정부와 기업, 나아가 소비자들의 높은 관심을 발판 삼아 재도약할 수 있었다. 덴마크가 다른 나라들보다 지속가능한 사회로 빨리 나아간 덕분에 외르스테드도 관련 기술과 경험을 축적할 수 있었고, 이를 자산으로 해외진출에도 성공했다. 이러한 성과들이 기업가치에도 반영돼 상장 후 외르스테드의 주가는 계속 상승하고 있다. 그러므로 지속가능성에 투자할 때에는 해당 기업뿐 아니라 기업이 속한 사회의 지속가능성을 반드시 고려해야 한다.

나아가 사회의 지속가능성이 기업의 성장동력이 되기도 하지만, 기업의 지속가능성이 사회의 가치를 높이기도 한다. 외르스테드가 덴마크의 신재생에너지 사업을 견인해 발전시키자, 그 결실은 개별 기업뿐 아니라 덴마크의 국가 브랜드nation brand와 코펜하겐의 도시 브랜드city brand 가치 상승으로도 이어졌다. 신재생에너지 중심의 전력산업 성장은 덴마크와 코펜하겐이 유럽 내에서 지속가능한 국가와 도시로 손꼽히게 된 원동력이기도 하다. 이러한 국가 및 도시 브랜드 가치는 덴마크의 다른 기업 브랜드로도 전이되며, 관광 수입 증가로도 이어진다. 이처럼 투자와 마케팅은 종종 연결되어 있다. 아니, 어쩌면 항상.

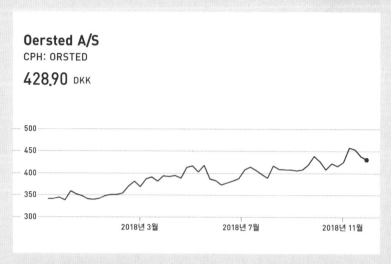

Oersted A/S
CPH: ORSTED
428.90 DKK

외르스테드 덴마크 증시 차트

덴마크 최대 전력 회사인 외르스테드는 신재생에너지 발전으로만 전력을 공급하는 지속가능한 기업
이다. 외르스테드가 성장할 수 있었던 가장 큰 원동력은 덴마크 사회 자체가 지속가능한 사회였기 때
문. 지속가능 경영을 하는 기업에 투자할 때 해당 기업뿐 아니라 기업이 속한 사회의 지속가능성도 판
단해야 하는 이유다.

탕프레르

: 파리의 중국 슈퍼마켓은
파리의 한국 슈퍼마켓과
무엇이 다른가

해외에 한 번이라도 거주해본 사람이라면 집 근처에 한국 슈퍼마켓이 있는지 여부가 삶의 질에 얼마나 큰 영향을 미치는지 알 것이다. 물론 시대가 좋아져 인터넷으로 한국 식품을 주문하거나 현지 마트에서도 몇몇 제품은 구매할 수 있게 되었지만, 집 근처에 한국 슈퍼마켓이 있는 것과는 분명 다르다.

식품 및 식자재는 유통기한이 짧아 회전율이 중요하므로 다양한 제품을 많이 들여놓으려면 그것을 소화해줄 교민이 많아야 한다. 즉 교민 수가 곧 해외 한국 슈퍼마켓의 경쟁력을 결정하는 가장 중요한 요인인 셈이다.

다행히 파리에는 한국인이 많이 살아서 한국 슈퍼마켓이 잘 형성돼 있다. 하지만 아무리 많다 해도 파리의 중국 슈퍼마켓에 댈 바는 아니다. 중국 교민이 그만큼 많다는 뜻이다. 파리의 차이나타운은 유럽 최대 규모로, 1970년대 초 과거 프랑스의 식민지였던 베트남, 라오스, 캄보디아 등 인도차이나 반도 국가들이 공산화되는 과정에서 해당 지역에 거주하던 화교들이 파리로 대거 이주하면서 형성되었다. 이후 중국 본토 중국인들도 이주 대열에 합류하면서 규모가 더욱 커졌다. 그 결과 파리에 많은 중국 슈퍼마켓이 생겼으며, 탕프레르Tang Frere처럼 대형마트 수준으로 성장한 유통기업도 생겨났다.

나는 유통 또는 식품 산업에 종사하는 한국 지인들이 파리에 오면 프랑스 유통업체뿐 아니라 탕프레르도 방문해보라고 권하곤 한다. 특히 탕프레르의 플래그십 매장이 위치한 파리 차이나타운은 동남아시아 출신의 화교들이 개척한 까닭에 일반적인 차이나타운과도 분위기가 사뭇 달라 관광지로서의 매력도 충분하다. 그뿐인가, 탕프레르 매장은 유럽 내 아시아 소비자들의 소비 행태를 관찰할 수 있는 공간인 동시에 유럽 시장에 진출하고자 하는 한국 식품기업들에게는 좋은 유통망이 될 수 있다.

나는 탕프레르가 경영전략 측면에서도 흥미로운 기업이라고 생각하는데, 파리의 거대한 중국인 소비인구를 자원으로 활용하는 역량이 뛰어나다는 점에서 특히 그렇다.

2부 유럽 마트에서 관찰하는 소비 트렌드

탕프레르가 성장한 데에는 특유의 저마진 전략이 주효했다.

유럽 등 해외에 있는 아시아 슈퍼마켓은 일반적으로 교민 수가 적어서 제품 판매 가격이 높다. 판매량이 적으니 제품 단가가 높아지기 때문이다. 그러나 파리에는 중국인들이 워낙 많아서 탕프레르는 웬만한 프랑스 현지 대형마트 못지않은 규모의 경제가 가능하다. 이를 바탕으로 탕프레르는 다음과 같은 방식으로 성장을 도모했다.

첫째, 일본, 한국, 베트남, 태국, 캄보디아 등 다른 아시아 국가들의 식품도 판매하기 시작했다. 중국 소비자들이 중국 식품 외 아시아 식품 및 식자재도 구매하기 때문에 시작한 것인데, 탕프레르의 고객이 워낙 많다 보니 각 아시아 국가의 슈퍼마켓보다 더 많이 팔기에 이르렀다. 이로써 중국 식자재뿐 아니라 아시아 식자재 전반에 가격 경쟁력을 갖추게 되었다. 그 결과 중국 소비자는 물론 파리에 거주하는 다른 아시아 소비자들까지 탕프레르로 유입되는 현상이 발생했다.

둘째, 프랑스 현지 마트에서 판매되는 신선식품 및 식자재도 취급하기 시작했다. 중국 및 아시아 식자재를 구매하러 방문한 고객들은 프랑스 마트를 따로 들르지 않아도 되어 편하고, 탕프레르는 추가적인 매출을 올릴 수 있어 좋다. 심지어 탕프레르는 현지 품목들마저 프랑스 대형마트보다 저렴하게 판매한다. 독점적으로 판매하는 중국 및 아시아 식자재에서 마진을 많이 남기는 대신 추가적으로 판매하는 프랑스 신선식품과 식자재의 마진을 줄인 것이다. 그러자 인근에 거주하는 프랑스 소비자들마저 탕프레르로 오기 시작했다. 다수의 중국인 고객 확보라는 경쟁력이 프랑스인 고객 확보로까지 이어진 셈이다.

한 가지 흥미로운 점은 이 과정에서 탕프레르가 단순히 가격 경쟁력을 갖추는 것을 넘어 파리 내에서 가장 다양하고 이국적인 제품을 보유한 마트로 인식되었다는 점이다. 게다가 탕프레르가 위치한 파리 차이나타운에는 중국, 베트남, 캄보디아, 태국 등 화교들이 운영하는 다양하고 저렴한 아시아 식당들이 많아서, 이국적인 아시아 식자재를 구매하고 아시아 음식까지 맛볼 수 있는 공간으로 진화하고 있다. 이제 탕프레르는 마트 인근에 거주하는 소비자뿐 아니라 아시아 식자재를 구매하고자 하는 파리 전역의 프랑스인들이 모이는 명소가 되었다. 마치 한국에서 코스트코가 인기 있는 이유와 유사하다. 한국의 코스트코는 단순히 물건을 저렴하게 구매할 수 있는 마트를 넘어 미국의 식문화를 체험할 수 있는 공간이다. 탕프레르 역시 프랑스 소비자들이 아시아 식문화를 저렴하게 체험할 수 있는 공간이라는 차별화된 경쟁력을 갖추고 있다.

탕프레르는 라오스에서 파리로 건너온 화교 출신의 탕 형제(프레르Frères는 프랑스어로 '형제'를 의미한다)가 1976년 창업했다. 중국 식자재를 판매하는 작은 상점으로 출발해 현재는 프랑스 파리 인근에 총 10개의 매장을 운영하는 식품 유통기업으로 성장했다. 이 밖에 다른 영역으로도 사업을 확장했는데, 여기에는 우리가 주목할 몇 가지 원칙이 있다.

첫째, 탕프레르 방문 고객들에게 교차판매가 가능한 사업으로만 확장한다. 가령 탕프레르는 탕고르메Tang Gourmet라는 테이크아웃 중심의 중식 패스트푸드 체인 사업을 시작했는데, 매장을 탕프레르 내부 혹은 인근에 두어 탕프레르에서 장을 보고 나오는 고객들이 들르도록 유도했다. 또한 탕프레르 매장 내에 이동통신, IPTV 및 인터넷 대리점을 론칭해 매장 방문 고객들을 대상으로 가입자를 모집했다. 이는 중국 TV 프로그램 및 영화 콘텐츠 판권을 수입하는 탕미디어Tang Media 설립으로 이어졌고, 현재는 유럽 내에서 중국 콘텐츠 판권을 가장 많이 확보한 업체로 성장했다.

탕프레르 사업 다각화의 두 번째 원칙은 기존 인프라를 활용할 수 있는 영역으로 사업 확장을 제한하는 것이다. 탕프레르는 다양한 PB 상품을 개발해 자사 매장에 공급하는 방식으로 식품사업을 시작했다. 기존 탕프레르의 유통망을 활용한 사업 확장인 셈이다. 현재는 자체 매장에서만 판매되고 있지만, 프랑스 및 유럽에서 아시아 식품 소비가 증가하는 추세를 고려하면 향후 프랑스를 비롯한 유럽 국가의 현지 마트에 납품할 가능성도 충분하다.

아울러 탕프레르는 자체 물류센터를 활용해 유럽 전역의 중국 레스토랑에 식자재를 공급하는 B2B 사업도 시작해 유럽 최대 업체로 성

프랑스 소비자들이 아시아 식문화를 저렴하게 체험할 수 있는 대형마트 탕프레르 매장(위)과 중식 패스트푸드 매장 탕고르메(아래)

2부 유럽 마트에서 관찰하는 소비 트렌드

장했다. 유럽에는 많은 중국인들이 거주하고 있고, 그만큼 중국 레스토랑도 많으니 탕프레르의 B2B 식자재 사업의 전망을 어렵지 않게 가늠해볼 수 있다.

이처럼 프랑스 내의 거대한 중국 교민 인구를 성장과 다각화에 적극적으로 활용함으로써 거대 유통기업으로 성장한 탕프레르는 창업주들의 모국인 라오스 부동산에도 투자했다. 라오스의 수도 비엔티안과 라오스 남부의 중심 도시인 사반나케트에 복합쇼핑몰을 건립해 운영 중인데, 향후 라오스의 경제성장 가능성이 높은 만큼 이 역시 성공적인 투자가 될 것으로 보인다.

많은 기업이 다른 기업의 핵심역량을 벤치마킹하곤 한다. 하지만 모든 핵심역량이 벤치마킹 대상은 아니다. 이식 자체가 불가능한 역량도 있기 때문이다. 탕프레르의 핵심역량 역시 파리에 있는 다른 유통기업들이 모방할 수 있는 경쟁력이 아니다. 그렇다면 그저 구경만 해야 할까? 모방할 수 없는 경쟁사의 핵심역량을 간접적으로나마 활용할 수 있는 협업방안을 강구하는 것이 마케터의 역량 아닐까?

'인구'의 플랫폼에 올라타라

거대한 소비인구라는 탕프레르의 경쟁력은 유통기업에만 해당될까?

그렇지 않다. 유통을 포함한 모든 영역의 중국 기업이 이러한 이점을 지닐 수 있다. 이러한 경쟁력을 효과적으로 활용할수록 더 빠르게 성장할 수 있음은 물론이다.

예를 들어보자. 중국의 거대한 인구는 여행 산업에도 영향을 미치고 있다. 여행지에서 중국 관광객들의 소비 규모가 엄청나다는 것은 명동 등 서울 시내에서 익히 목격해서 알 것이다.

지난 몇 년간 유럽의 여러 도시를 여행하면서 중국 관광객이 빠르게 증가할 뿐 아니라 여행 스타일도 변화하고 있음을 느꼈다. 무엇보다 젊은 층을 중심으로 자유여행객이 증가하고 있다는 점이 가장 눈에 띄는데, 이러한 변화로 가장 큰 수혜를 입은 기업은 중국 최대 온라인 여행 플랫폼 기업이자 나스닥 상장사인 씨트립Ctrip이라고 생각한다. 씨트립은 중국 온라인 여행산업 1위 업체로 시장점유율이 39%에 이른다. 더욱이 2위 업체인 취날(Qunar, 시장점유율 30%)의 지분 45%, 4위 업체인 이롱(eLong, 시장점유율 3%)의 지분 62%를 보유하고 있으니 사실상 독과점 업체라 할 수 있다. 2016년에는 세계 최대 항공 검색 사이트인 영국의 스카이스캐너Skyscanner를 약 2조 원에 인수하면서 본격적으로 해외시장에도 진출했다.

우리는 이미 독점적 온라인 여행 플랫폼 기업의 성장 가능성을 미국의 부킹홀딩스Booking Holdings*와 익스피디아Expedia를 통해 확인한 바 있다. 향후 중국의 여행 인구가 증가할수록, 중국인들의 소득 수준이 높아질수록 씨트립의 기업가치가 높아질 것은 분명하다. 더욱이 씨트립은 플랫폼 기업이다. 플랫폼 기업의 경쟁력을 결정짓는 가장 큰 요인은 플랫폼에 유입되는 유저의 숫자다. 중국의 거대한 인구 덕분에 중국의 1위 플랫폼 기업들의 가치는 크게 성장했다. 텐센트, 알리바바, 메이투안Meituan 등이 대표적이다. 씨트립도 장기적으로 이들 기업처럼 성장할 가능성이 있지 않을까? 지금처럼 중국인들이 여행을 즐기는 한 말이다.

물론 단기적인 변수는 있을 것이다. 최근 야기된 중국-미국 간 무역전쟁으로 씨트립을 포함한 중국 기업들의 주가가 급락했다. 하지만 장기적으로 봤을 때는 오히려 지금이야말로 씨트립 같은 우량기업에 투자할 좋은 기회인지도 모른다.

- 본래 프라이스라인 그룹Priceline Group이었지만 서비스 중 하나였던 부킹닷컴의 성장으로 2018년 2월 기업명을 부킹홀딩스로 변경했다. 부킹닷컴Booking.com, 프라이스라인닷컴 Priceline.com, 아고다Agoda.com, 카약닷컴Kayak.com 등의 여행 서비스를 보유하고 있다.

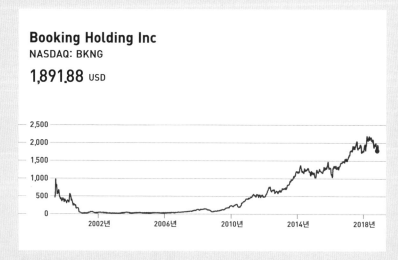

부킹홀딩스 나스닥 차트

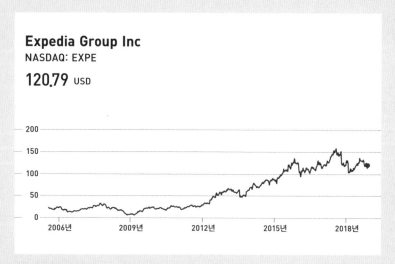

익스피디아 나스닥 차트

부킹홀딩스와 익스피디아는 미국의 독점적 온라인 여행 플랫폼이다. 온라인 독점 플랫폼의 가치는 시간이 지날수록 높아지는 경향이 있다. 애플, 구글, 아마존… 그게 바로 독점의 힘이다. 두 기업의 주가 상승률을 보면 기업들이 왜 그렇게 독점을 열망하는지 엿볼 수 있다.

Ctrip.Com International Ltd
NASDAQ: CTRP

28.85 USD

씨트립 나스닥 차트

부킹홀딩스 및 익스피디아와 유사한 사업 모델을 지닌 중국의 씨트립. 역시 중국의 독점적 온라인 여행 플랫폼이다. 중국 해외 여행객은 매해 폭발적으로 증가하고 있으며, 그중에서도 패키지 여행 대비 자유여행의 비중이 높아지고 있다. 씨트립의 향후 주가는 과연 어떻게 될까?

이케아

: 가구도 먹거리도
라이프스타일로 판다

이케아는 한국에서도 잘 알려진 세계 최대 가구회사로, 북유럽 스타일의 DIY 가구를 저렴한 가격에 판매해 세계적으로 큰 인기를 얻었다.

이 때문인지 많은 사람들이 이케아를 그저 가구회사로만 인식하는 듯하다. 이케아는 가구회사인 동시에 상당한 규모의 식품 유통업체다. 창업주인 잉바르 캄프라드Ingvar Kamprad는 배고픈 고객에게는 물건 팔기가 어렵다며 1956년 이케아의 첫 번째 매장에 레스토랑을 열었다. 소비자들로 하여금 든든히 배를 채우고 쇼핑하거나 쇼핑을 다 마치고 레스토랑에 들러 식사하고 돌아갈 수 있게끔 한 이케아의 배려이자,

2부 유럽 마트에서 관찰하는 소비 트렌드

추가 매출을 올리고자 하는 사업전략이었다.

예상대로 이케아 레스토랑은 큰 인기를 끌어 음식뿐 아니라 식료품도 판매하기에 이르렀다. 오늘날 전체 방문객 중 약 30%가 가구 구매가 아닌 식사 또는 식료품 구매만을 위해 매장을 찾을 정도로 이케아의 식품 유통사업은 크게 성장했다.

식품 유통업체로서 이케아의 가장 큰 경쟁력은 가구와 마찬가지로 먹거리 판매 역시 라이프스타일의 일환으로 접근한다는 데 있다. 물론 이케아가 식품 유통사업에 라이프스타일로 접근하는 유일한 업체는 아니다. 그럼에도 이케아의 식료품 사업이 두각을 나타낸 이유는 가구사업을 라이프스타일로 제안하는 과정에서 축적된 경험과 역량을 식품사업에 효과적으로 적용했기 때문이라고 생각한다. 그렇다면 이케아가 식료품사업에 접근하는 방식은 어떻게 다른가? 크게 3가지 측면에서 살펴볼 수 있다.

첫째, 그 유명한 '북유럽 라이프스타일'이 이케아의 식품에도 예외 없이 묻어난다.

이케아는 미트볼, 연어구이, 샐러드 등 북유럽에서 즐겨 먹는 소박하지만 맛있는 음식을 합리적인 가격에 판매한다. 북유럽 문화와 라이프스타일을 동경하는 전 세계 많은 소비자들이 이케아 가구를 좋아하는 것처럼 이케아의 음식을 좋아하며, 이케아 매장에 들러 가구뿐 아니라 식료품도 구매한다. 요컨대 북유럽 라이프스타일 자체가 이케아의 경쟁력인 셈이다.

둘째, 소비자의 라이프스타일이 변화하고 있음을 인식해 적절히 반영한다.

과거 이케아는 맛있는 음식을 저렴한 가격에 제공해 소비자들을 만족시키는 단순한 전략을 썼다. 하지만 오늘날의 소비자들은 맛과 가격뿐 아니라 음식을 먹을 때 건강, 환경, 동물복지 등 다양한 요소를 고려한다. 소비자의 달라진 가치관과 라이프스타일을 인식한 이케아는 판매하는 식품에도 변화를 주었다. 현재 이케아는 친환경, 공정무역 및 동물복지 준수 등의 사회적 가치가 반영된 식품만을 판매한다. 덕분에 잘 알려지지는 않았지만 이케아는 지속가능한 식품 분야에서도 앞서가는 기업이 되었다. 이케아는 매년 유기농 및 공정무역 식품의 비중을 늘려가고 있으며 커피 및 초콜릿 등 일부 품목은 공정무역 유기농 제품만을 취급한다.

나아가 'IKEA Food Better Programme'을 론칭해 지속가능한 축산 및 수산물 소비를 장려하는 국제적인 활동을 펼치고 있다. 이 프로그램을 통해 이케아는 동물복지가 준수된 닭고기, 소고기, 돼지고기, 계란, 해산물만 구매하고 농가들에게는 보조금을, 연구기관에는 연구비를 지원하고 있다. 또한 채식주의자들을 위한 비건 식품, 식물성

고기, 배양육, 곤충, 미세조류 등 미래 식량 연구에도 많은 투자를 하고 있으며, 음식물쓰레기의 90% 이상을 퇴비 및 바이오 연료로 재활용한다는 목표를 수립하기도 했다.

이 모든 과정은 소셜미디어를 비롯한 다양한 채널을 통해 소비자들과 적극적으로 공유된다. 이처럼 소비자의 라이프스타일 변화를 인식하고, 그에 맞춰 기업 전략을 수정하는 유연함 역시 이케아의 경쟁력이다.

셋째, 라이프스타일 연구에 대한 투자를 지속한다.

스페이스텐Space 10은 지속가능한 라이프스타일을 연구하는 이케아의 연구기관이다. 특이한 점은 이케아가 스웨덴 기업임에도 이 연구소는 덴마크의 수도인 코펜하겐에 있다는 것이다. 코펜하겐이 디자인, 패션, 식문화, 음악 등 북유럽 문화의 중심지이자 앞에서도 다뤘듯이 유럽 내에서도 지속가능성이 가장 높다고 평가받는 도시이기 때문이다.

스페이스텐은 식품, 인터페이스, 공유공간, 디지털 제조 등 소비자들의 라이프스타일과 직결된 4가지 영역에 관한 연구를 진행한다. 단순히 돈이 되는 상업적 연구가 아니라 소비자들의 라이프스타일 변화를 예측하고, 지속가능성을 반영할 수 있는 기술을 개발하기 위한 실험적인 시도를 하는 공간이며 이를 위해 IT, 디자인, 음악, 건축 등 다양한 분야의 외부 전문가들과 협업하고 있다.

스페이스텐(위)과 이케아 레스토랑(아래). 스페이스텐은 코펜하겐의 오래된 도축장을 재개발한 지구 내에 있다. 코펜하겐의 핫한 레스토랑, 수제맥주 펍, 카페 등이 모여 있다.

2부 유럽 마트에서 관찰하는 소비 트렌드

특히 식품과 관련해서는 생산과정에서 발생하는 기후 변화 및 낭비 등의 부작용을 최소화하는 것을 목표로 한다. 일례로 구글과 협업해 소비자가 가정에서 채소류를 자급자족할 수 있는 수경재배 키트kit를 개발해 구글홈Google Home 시스템과 연동시키는 더팜The Farm 프로젝트를 추진한다. 북유럽의 대표적인 아트페어인 차트 아트페어Chart Art Fair에서는 '녹조돔The Algae Dome'을 전시하기도 했다. 단백질이 육류의 2배 이상이고 비타민과 미네랄도 풍부하며, 성장 속도가 무척 빠른 데다 어디에서나 손쉽게 재배할 수 있으며, 가축과 달리 CO_2 배출도 하지 않는 스피룰리나(해조류의 일종) 소비를 늘리기 위한 프로젝트다. 미세조류, 곤충, 배양육 등 고기를 대체할 만한 식자재로 이케아 레스토랑의 대표 메뉴인 미트볼을 만드는 아이디어를 공유하는 '내일의 미트볼Tommorow's Meatball' 프로젝트도 진행한 바 있다.

'업의 본질'이라는 단어는 일찍이 삼성 이건희 회장이 강조한 개념으로 일반인에게도 잘 알려져 있다. 너무 많이 들어서 식상하다고 할 분도 있을 것이다. 하지만 익숙하다고 해서 식상한 것도, 중요성이 줄어드는 것도 아니다. 이케아를 저가형 가구 제조업체로 보는지, 체험형 가구 판매업체로 보는지, 혹은 북유럽 라이프스타일 기업으로 보는지에 따라 마케터로서 얻을 수 있는 통찰이 달라진다. 마케터market+er는 어원에서 알 수 있듯이 시장에서 시장에 관한 일을 하는 사람이다.

이를 위해서는 시장, 즉 업에 대한 자신만의 정의를 내리는 연습이 지속적으로 필요하지 않을까.

라이프스타일을 반영하고, 예측하고, 제안한다

지금까지 살펴보았듯이 이케아가 식품 유통사업에서 성공할 수 있었던 것은 단순히 맛있거나 저렴해서가 아니다. 많은 소비자들이 매력을 느끼는 북유럽이라는 특정 지역의 문화를 반영한 점, 소비자들의 라이프스타일 변화에 맞춰 사업방식을 유연하게 바꾸어 왔다는 점, 소비자의 라이프스타일을 추종하는 데 그치지 않고 적극적인 투자를 통해 라이프스타일 변화를 예측하고 한발 앞서 새로운 라이프스타일을 창조하고자 노력해왔다는 데 있다.

이케아처럼 라이프스타일로 접근하는 역량이 뛰어난 기업이 또 있지 않을까? 이케아는 비상장 기업이라 투자자 입장에서는 '그림의 떡'인데, 기왕이면 투자도 할 수 있는 상장기업 중에서 말이다.

'무지MUJI'라고도 불리는 무인양품은 1980년 일본의 대형 슈퍼마켓 체인인 세이유의 생활용품 및 가공식품 PB로 출발했다. 세이유는 1989년 양품계획Ryohin Keikaku이라는 자회사를 만든 뒤 무인양품 브랜드를 양품계획에 양도하는 방식으로 무인양품을 분사시켰다. 현재는 각종 생활용품을 비롯해 가구, 의류, 식자재 등 7000여 가지 제품을 판매하고 있으며, 1995년에 도쿄 증시에 상장되었다. 나는 다음과 같은 이유로 무인양품이 이케아와 가장 유사한 경쟁력을 지닌 기업이 아닐까 생각한다.

첫째, 이케아가 스웨덴을 비롯한 북유럽의 라이프스타일을 담았듯이 무인양품 브랜드 곳곳에는 '일본'이 묻어난다. 여기에는 리더의 역할이 컸는데, 사장인 마쓰이 타다미쓰와 총괄 아트디렉터인 하라 켄야가 취임하면서 '이것이 가장 좋다' 또는 '이것이 아니면 안 된다' 대신 '이것으로도 충분하다'라는 브랜드 철학을 세우고 일본 특유의 미니멀리즘을 기업 경영 전반에 적극적으로 도입했기 때문이다. 특히 절제된 제품 디자인과 매장 인테리어는 일본과 문화가 유사한 아시아 국가들뿐 아니라 유럽 및 미국에서도 무인양품이 인기를 얻는 데 큰 기여를 했다. 일본 미니멀리즘을 동경하는 소비자들이 서구 사회에도 적지 않기 때문이다. 유럽 주요 도시를 여행하다 무지 매장이 보이면 지나치지 않고 들어가보곤 하는데 그때마다 유럽 소비자들의 높은 관심이 느껴져 인상적이었다. 마치 세계의 많은 소비자들이 북유럽 문화를 동경해 이케아 제품을 사랑하는 것과 유사하다.

둘째, 이케아와 마찬가지로 무인양품도 사람들이 사는 '공간'에 방점을 둔다. 이케아는 가구를 평면적으로 진열해 판매하는 대신 이케아 가구로 채운 공간을 선보인다. 생활용품 브랜드로 시작한 무인양품 역시 제품 단위가 아닌 공간으로 접근한다. 최근 무지 하우스, 무지 호텔 등으로 사업 영역을 확장한 것은 공간으로 라이프스타일을 제안하는 무인양품의 철학을 잘 보여준다.

셋째, 이케아가 그렇듯이 무인양품도 지속가능한 라이프스타일이 반영된 식품 유통사업에 뛰어들었다. 최근 무인양품은 일부 매장에서 채소와 과일 등 신선식품을 판매하기 시작했다. 이들은 살충제나 화학비료를 사용하지 않아 모양이 예쁘지 않거나, 크기가 작거나, 벌레 먹은 흔적이 있거나, 상처가 난, 한마디로 일반적인 슈퍼마켓에서는 판매하지 않을 법한 신선식품을 산지에서 직접 매입해 판매한다. 무인양품 카페에서는 이 채소와 과일로 수프와 주스를 만들어 선보이고, 무인양품 간편식과 교차판매를 유도한다. 이케아가 이케아 레스토랑을 시작으로 식료품 판매까지 사업 영역을 확장하고, 그 과정에서 지속가능한 라이프스타일을 반영한 것과 유사하다.

이처럼 무인양품 브랜드를 보유한 양품계획은 이케아와 유사한 경쟁력을 지닌 라이프스타일 기업인 데다 상장기업이므로 투자도 가능하다. 더욱이 해외진출에 진즉에 성공해 성장세가 둔화되기 시작한 이케아와 달리, 무인양품은 북미와 유럽 등 서구권 진출 초기단계에 있다는 점도 투자 측면에서 매력적인 부분이다.

많은 마케터들이 무인양품의 브랜딩 역량에 감탄하곤 한다. 반면 투자가들은 무인양품의 모기업인 양품계획의 주가 상승에 감탄한다. 양품계획이야말로 기업의 브랜드 자산이 곧 기업가치임을 보여주는 대표적인 사례 아닐까.

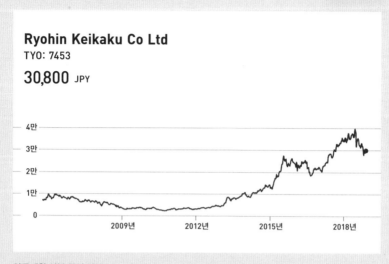

Ryohin Keikaku Co Ltd
TYO: 7453

30,800 JPY

양품계획 일본 증시 차트

라이프스타일로 접근하는 브랜드에 대한 소비자들의 관심이 높아지고 있다. 이케아(북유럽), 무인양품(일본)처럼 문화적 매력도가 높은 사회의 라이프스타일 브랜드라면 더더욱 그렇다. 여행을 하다 매력적인 도시를 발견하면 해당 도시의 라이프스타일 브랜드들을 탐색해보자. 좋은 투자 기회나 사업 기회로 이어질 테니.

그랜드 에피세리

: 오프라인의 럭셔리 경험을
온라인에 이식하는 법

LVMH의 약자가 루이비통(Louis Vuitton, 패션), 모엣샹동(Moet & Chandon, 샴페인), 헤네시(Hennesy, 브랜디)라는 사실에서 알 수 있듯이, LVMH는 패션잡화, 화장품, 주류 업종의 명품 브랜드를 다수 보유하고 있는 세계 최대 명품 기업이다. 그런데 LVMH라는 약자에 포함되지는 않았지만 못지않게 중요한 사업부가 하나 있다. 바로 LVMH의 새로운 성장동력인 신유통 채널selective retailing이다. DFS 면세점, 화장품을 유통하는 세포라Sephora, 봉마르셰 백화점 Le Bon Marché 등 LVMH의 신유통 사업부는 패션잡화 사업부(39.5%)에 이어 LVMH에서 두 번째로 큰 사업부(29.1%, 2018년 상반기 매출 기준)

로, 지금처럼 성장한다면 몇 년 안에 LVMH의 최대 사업부문으로 올라설 것으로 보인다.

DFS(1996년), 세포라(1997년), 봉마르셰(1984년) 모두 LVMH가 외부에서 인수한 기업인데, 인수 후 매장을 늘려나가고 있는 DFS나 세포라와 달리 봉마르셰 백화점은 여전히 한 개 매장을 고수하고 있다. 나는 그 이유를 봉마르셰가 세계 최고의 럭셔리 백화점이라는 사실에서 찾는다. 프랑스에 파리만큼 부유한 고객이 밀집해 있고 많은 관광객이 유입되는 도시는 또 없기 때문이다. 봉마르셰 백화점은 그러한 파리에서도 가장 부촌으로 여겨지는 파리 7구에 위치해 있다.

그렇다면 봉마르셰 백화점과 같은 럭셔리 브랜드는 확장을 포기한채 고고하게만 있어야 할까? 그렇지 않다. 오프라인으로 확장하는 데한계가 있다면 온라인에서 대안을 모색할 수 있다. 봉마르셰 백화점도이러한 전략을 취하고 있으며, 그 핵심에는 백화점 식품관인 그랑드에피세리La Grande Epicerie de Paris가 있다.

그랑드 에피세리 매장이 매력적인 이유는 다양한 럭셔리 소비 경험이 가능한 식품 공간이라는 데 있다. 그랑드 에피세리는 직역하자면 '파리의 거대한 식료품점'으로, 이곳에 가면 말 그대로 세계 최고 수준의 식품 및 식자재를 구매할 수 있다. 갤러리아 백화점의 고메이494, 청담 SSG 푸드마켓 등 국내 럭셔리 슈퍼마켓들은 모두 그랑드 에피세

세계 최고의 럭셔리 백화점 봉마르셰(위)와 다양한 럭셔리 소비 경험이 가능한 식품공간 그랑드 에피
세리(아래)

리를 벤치마킹했다고 봐도 무방하다.

LVMH는 2015년 애플 뮤직의 임원이었던 이안 로저스를 CDOChief Digital Officer로 영입해 2017년 그랑드 에피세리 온라인을 론칭하고 파리 16구에 그랑드 에피세리 2호점을 열어 배송 포인트를 두 곳으로 늘렸다.

나는 그랑드 에피세리 온라인의 성공 여부는 오프라인 매장의 럭셔리 경험을 온라인으로 이식할 수 있는지 여부에 달려 있다고 본다.

가장 먼저 이식해야 할 것은 식품 큐레이션 역량이다. 그랑드 에피세리는 세계 최고의 식품 큐레이션 공간을 제공한다. 이곳은 가장 큰 슈퍼마켓도, 가장 비싼 먹거리를 파는 곳도 아니다. 가장 맛있는 먹거리를 판매하는 공간이다. 그랑드 에피세리의 큐레이션은 식자재에 대한 지식이 부족한 소비자가 좋은 식품을 구매할 수 있도록 돕고, 지식이 많은 소비자에게는 그들이 반길 만한 새로운 식품 라이프스타일을 지속적으로 소개한다. 나아가 새로운 트렌드를 창출하기도 한다. 물론 다른 슈퍼마켓보다는 가격이 비싼 편이지만, 큐레이션에 대한 수수료라고 생각하면 전혀 아깝지 않다.

이들의 큐레이션이 뛰어난 이유는 바이어들의 역량이 그만큼 압도적이기 때문이다. 프랑스에서 LVMH는 금융 및 컨설팅 기업에 이어 명문대 출신들이 가장 들어가고 싶어 하는 기업이다. 프랑스의 명문대생들은 좋은 집안 출신인 경우가 많은데(그렇다, 프랑스는 여전히 계급사회다), 이들은 어린 시절부터 좋은 식문화를 경험하면서 성장한다. 또한 패션, 잡화, 화장품, 향수, 호텔, 주얼리, 와인 등 고급 라이프스타일을 제안하는 다양한 사업부를 보유한 LVMH는 명성에 걸맞게 직원들에게 최고 수준의 교육을 제공한다. 즉 그랑드 에피세리는 좋은 인재를 채용해 최상의 교육을 제공하는 LVMH의 계열사이기에 세계 최고의 식품 큐레이션이 가능한 것이다.

온라인이라고 해서 큐레이션 자체가 달라지는 것은 아니다. 다만 바이어들이 선정한 먹거리를 디스플레이하는 방식이 달라질 뿐이다. 이미 온라인 쇼핑과 관련해 많은 기술이 개발되고 적용된 바 있는 만큼 그랑드 에피세리의 오프라인 매장 큐레이션 역량을 온라인에 이식하는 것은 그리 어렵지 않아 보인다.

둘째, 그랑드 에피세리 온라인도 오프라인처럼 소소한 사치가 가능한 공간이 되어야 한다. 일반적으로 '사치'는 한국사회에서 부정적인 행위로 여겨진다. 하지만 사치에도 긍정적인 측면이 있지 않을까? 사람들에게 행복감을 선사한다는 면에서는 말이다. 사치란 필요 이상의 소비를 의미하는데, 가령 국산차도 기능적으로는 충분하지만(실용적 소비), 적지 않은 이들이 심미적 만족감 또는 과시적 목적을 위해 가격이 훨씬 비싼 수입차를 구매한다(쾌락적 소비). 사치하는 데 들어가는 추가비용을 감당할 여유가 자신에게 있다는 사실은 행복감을 높이는 데 일조한다. 그리고 '소소한 사치'를 하기 가장 쉬운 제품군이 바로 먹거리다. 먹거리는 자동차, 의류, 가방 등에 비해 가격 자체가 높지 않기에 사치를 부려도 추가비용이 그리 크지 않다. 최고의 먹거리를 럭셔리한 공간에서 판매하는 그랑드 에피세리는 소소한 사치를 누릴 수 있는 최적의 장소다.

그렇다면 오프라인이 아닌 온라인에서도 소비자들이 소소한 사치를 체감할 수 있을까? 이에 대한 방안으로 LVMH는 그랑드 에피세리 PB 상품을 적극적으로 출시하고 있다. 소비자들이 온라인상에서 PB 상품을 구매할 때 럭셔리 슈퍼마켓인 그랑드 에피세리, 세계에서 가장 럭셔리한 백화점인 봉마르셰, 더 나아가 세계 최대 럭셔리 기업인 LVMH 브랜드를 소비하는 기분을 만끽하게 하려는 전략이다. PB 상품은 제품 가격을 낮추는 효과까지 있으므로 소소한 사치의 '소소함'을 강화하기에도 제격이다.

셋째, 그랑드 에피세리는 최고 수준의 식품 체험 공간이다. 이곳도 식품 매장인 만큼 다양한 시식이 가능하다. 가령 샴페인 코너에 가면 생산자가 직접 시음을 시켜주며 설명해준다. 때로는 캐비아, 트러플 같은 고급 식자재도 시식할 수 있다. 스페인 출신의 생산업자가 하몽을 그 자리에서 썰어주기도, 유기농 과자업체 대표가 자사 제품을 직접 홍보하고 설명하기도 한다. 이런 경험이 왜 이곳에서만 가능할까? 그랑드 에피세리는 소비자뿐 아니라 전 세계 식품 바이어들도 모여드는 공간이기 때문이다. 생산자들이 제공하는 경험의 수준이 일반 소비자가 아닌 전문 바이어들의 눈높이에 맞춰져 있는 것이다.

그랑드 에피세리의 여러 가지 매력 중 온라인에 이식하기 가장 어려운 요소가 바로 식품 관련 체험이다. LVMH는 이를 디지털 콘텐츠로 극복하고자 시도하고 있다. 그랑드 에피세리에서 판매하는 다양한 식음료 및 식품 브랜드 경험과 관련된 디지털 콘텐츠를 제작해 인스타그램, 페이스북, 유튜브 등의 소셜미디어에 공유한다. 개인적으로 그랑드 에피세리 온라인의 완벽한 성공 여부는 바로 이 세 번째 요소를 온라인에 성공적으로 이식할 수 있는지 여부에 달려 있다고 생각한다.

지금까지 LVMH 신유통 사업의 핵심은 세포라였다. 이들은 빠르게 매장 수를 늘리고 온라인에도 성공적으로 안착했다. 다음 차례는 그랑드 에피세리라고 보는데, 비록 신선식품 유통은 온라인화가 더딘 영역이지만 시장 규모가 큰 만큼 성공에 따른 열매 역시 클 것으로 예상된다. LVMH의 미래를 가늠해보려면 그랑드 에피세리의 성장추이에 주목해보자.

아마존의 유일한 온라인 적수가 있다면

온라인 진출은 럭셔리 슈퍼마켓뿐 아니라 규모가 훨씬 큰 대형마트에도 중대한 사안이다. 홀푸드 마켓을 인수하며 아마존이 신선식품 판매에 뛰어든 이후 대형마트들의 위기의식이 한껏 고조된 상태다. 이 과정에서 역으로 가치가 높아진 기업이 있는데, 바로 영국의 온라인 식품 판매회사 오카도Ocado다. 2000년에 설립된 오카도는 특이하게도 스스로를 유통기업이 아닌 기술기업으로 정의한다. 실제로 이곳에는 개발자와 데이터 사이언티스트가 300여 명이나 있어서 머신러닝, 딥러닝, 로봇공학 등의 첨단기술을 적용해 배송 정확도를 높이고 배송기간은 단축하고 있다. 신세계 이마트 그룹이 향후 온라인 유통사업의 핵심인 온라인 전용 물류센터 건립을 추진하면서 오카도의 사례를 많이 참조했다고 밝혀 한국에서도 관심을 받은 바 있다.

창업 초기 오카도는 영국 프리미엄 슈퍼마켓인 웨이트로스Waitrose와 제휴해 웨이트로스의 PB 상품을 온라인상에 독점적으로 판매하면서 자리 잡았다. 웨이트로스는 영국 왕실의 인증을 받을 정도로 제품이 뛰어나지만 300여 개의 매장이 모두 영국 남부에 몰려 있는 터라 다른 지역 소비자들의 대기수요가 높았는데, 오카도가 온라인상에 이들의 PB 상품을 판매하면서 히트를 친 것이다. 웨이트로스의 모기업인 존루이스 파트너십John Lewis Partnership은 오카도와의 제휴 과정에서 전략적 투자도 감행해 29%의 지분을 보유했다가 2011년에 전량 매각했다.

2018년 판매량 기준 영국 4위의 유통기업으로 성장한 오카도는 단순히 B2C 기업에 머물지 않는다. 2014년에는 영국 슈퍼마켓 모리슨 Morrisons, 2017년에는 프랑스 유통 대기업인 카지노 그룹Casino Group, 2018년에는 캐나다의 소베이Sobeys와 미국의 크로거 등과 계약을 체결하고 이들의 온라인 배송 업무를 대행하고 있다. 기존 오프라인 유통업체들로서는 아마존과 온라인에서 직접 경쟁하기에는 기술적으로 무리라고 판단해 오카도와 손잡은 것이다. 이로써 오카도는 B2C 온라인 식품 유통업체인 동시에 일종의 B2B 플랫폼 기업이 되었다. 한국에서는 온라인 신선식품 스타트업인 마켓컬리가 오카도를 벤치마킹하여 온라인 배송을 대행하는 B2B 플랫폼 사업으로 확장하고자 시도하고 있다.

이러한 일련의 사업확장으로 오카도의 주가는 2017년부터 빠르게 상승하고 있다. 자체 기술력이 뛰어나 인수합병 대상으로서의 가치가 높다는 점도 투자 대상으로서 매력적이다. 이미 2017년 아마존이 오카도 인수합병을 시도했다는 루머가 나온 바 있다. 비단 아마존이 아니라 아마존과 경쟁해야 하는 알리바바나 징동 등 중국 온라인 유통기업이 보기에도 오카도는 매력적인 인수합병 대상이다. 이미 주가가 급등한 터라 현재는 순이익 대비 주가가 높은 상태이긴 하지만, 이는 초기 아마존처럼 이익의 대부분을 R&D와 사업 확장에 재투자하고 있기 때문이기도 하다. 이런 점까지 감안하면 장기적으로 오카도의 기업가치는 상승할 여지가 크다고 생각한다.

마케터가 되고자 하는 사람들은 대개 소비자와의 접점이 많은 B2C 사업에 더 관심을 갖는다. 재미있어 보이고 눈에도 잘 띄기 때문일 것이다. 하지만 실제로는 B2B 사업이 기업의 캐시카우이자 B2C 사업 경쟁력의 근간이 되는 경우가 많다. 그러므로 좋은 마케터가 되고자 한다면 B2C뿐 아니라 B2B 사업, 나아가 B2B 마케팅 역시 균형 있게 공부하기를 권한다.

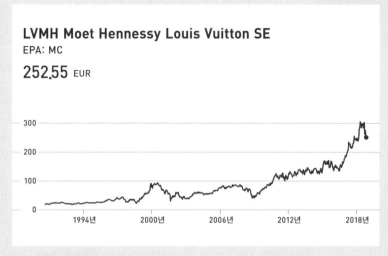

LVMH Moet Hennessy Louis Vuitton SE
EPA: MC
252.55 EUR

LVMH 프랑스 증시 차트

지금까지 LVMH의 주가 상승은 LVMH가 보유한 럭셔리 브랜드들의 성장 덕분이었다. 하지만 향후 LVMH의 주가 상승은 기존 럭셔리 브랜드들의 정체성을 온라인에 얼마나 효과적으로 이식할지에 달려 있다 해도 과언이 아니다.

Ocado Group PLC
LON: OCDO
831.20 GBX

오카도 영국 증시 차트

온라인 신선식품 슈퍼마켓인 영국의 오카도는 아마존의 홀푸드 마켓 인수의 가장 큰 수혜를 입은 기업이다. 아마존의 신선식품 산업 진출에 위기감을 느낀 기존 오프라인 마트 기업들이 오카도와 제휴를 통해 온라인 사업을 강화했기 때문. 대형 계약을 맺을 때마다 오카도의 주가는 급등해왔다.

알버트 하인

: 네덜란드 마트가
사내 스타트업을 활용하는 법

네덜란드의 수도 암스테르담을 여행하다 보면 네덜란드인 특유의 실용적 기질이 느껴진다. 건물 구조, 대중교통 시스템, 심지어 사람들이 친절을 베푸는 방식에서도 비효율을 찾아볼 수 없다. 더치페이Dutch pay라는 표현에서도 알 수 있듯이 네덜란드인이야말로 세계에서 가장 합리적이고 실용적인 민족 아니겠는가? 이러한 특성은 기업 경영에도 반영된 듯하다. 네덜란드 최대 마트인 알버트 하인Albert Heijn의 모기업 아홀드 델하이즈Ahold Delhaize가 대표적이다.

아홀드 델하이즈는 2016년 네덜란드 최대 유통기업인 아홀드Ahold와 벨기에 최대 유통기업인 델하이즈Delhaize 간의 합병으로 탄생했다.

내수시장이 작은 두 인접국의 1위 유통기업들이 생존을 위해 합병한 것이다. 이들은 합병을 통해 세계 20위권의 유통업체로 도약한다는 목표를 세웠는데, 달성전략이 테스코나 까르푸 같은 기존의 유럽 유통기업들과는 여러 모로 다르다.

첫째, 아홀드 델하이즈는 유럽이 아닌 미국 시장을 적극적으로 공략했다. 네덜란드, 벨기에 모두 인구가 얼마 되지 않는 유럽의 소국이기에 큰 시장을 공략할 필요가 있었다. 2017년 현재 아홀드 델하이즈의 매출 중 61%가 미국에서 나온다.

둘째, 유럽 내에서 시장을 확장할 때에도 주요 국가들이 아닌 동유럽 국가들과 포르투갈 등 작은 시장을 먼저 공략했다. 거대한 내수시장을 바탕으로 안정적인 캐시카우를 보유하고 있는 테스코(영국), 까르푸(프랑스) 등과의 직접적인 경쟁을 피하기 위해서다.

셋째, 자체 브랜드를 고집하는 대신 현지 업체를 인수하여 성장시키거나(미국), 현지 1위 유통기업과 조인트벤처를 설립하는(포르투갈, 인도네시아) 등 유연하면서도 리스크는 낮은 해외진출 전략을 채택했다.

넷째, 슈퍼마켓 외에도 편의점Proxy Delhaize, AH to Go, 드러그스토어 Etos, 주류전문점Gall & Gall 등 다양한 유통 카테고리에 진출해 대형마트 산업의 성장 둔화에 대비했다. 덕분에 아홀드 델하이즈의 주가는 테스코나 까르푸 등 규모가 더 큰 기업들에 비해 선방하고 있다.

아홀드 델하이즈의 합리적 경영방식은 지속가능한 경영에도 예외없이 적용된다. 일반적으로 기업들이 환경친화적이고 사회적 기여도가 높은 경영을 도입할 때에는 미래에 대한 투자 또는 기업의 사회적 책임CSR, corporate social responsibility 차원으로 여겨 어느 정도의 비용 상승을 감수한다. 반면 아홀드 델하이즈, 그중에서도 핵심 계열사인 알버트 하인은 지속가능한 경영을 도입할 때에도 수익성을 가장 우선시한다.

암스테르담에 머무르는 동안 현지에 거주하는 여러 지인들로부터 도시 동쪽에 있는 인스톡Instock이라는 브런치 카페를 추천받았다. 기대했던 대로 예쁘고, 친절하고, 맛있었으며, 예상보다 저렴했다. 그런데 이 카페에는 한 가지 인상적인 점이 있었다. 바로 'Rescused Food', 즉 구조된 음식물이라는 표기판이었다. 이 표기판은 여느 카페나 레스토랑과 다를 바 없어 보이는 인스톡이 알버트 하인의 식품 업사이클링upcycling 전략을 실행하는 일종의 푸드 스타트업임을 알려준다.

업사이클링은 1994년 독일의 디자이너 리너 필츠Reiner Pilz가 최초로 소개한 개념으로, 버려지는 폐기물을 디자인을 통해 재조합하여 본래보다 더 높은 가치를 지닌 상품으로 재탄생시키는 과정이다. 업그레이드upgrade와 리사이클recycle의 합성어로, 단순히 물건을 다시 사용하는 재활용과 차별화된 개념이다. 최근 업사이클링은 식품 산업에도 적용되기 시작했는데 가령 버려지는 못난이 사과로 만든 사과주,

전형적인 대형마트의 형태를 띤 알버트 하인

못생긴 수박으로 만든 콜드프레스 주스, 허머스Hummus 제조과정에서 나오는 병아리콩 삶은 물로 만든 채식주의자용 마요네즈 등이 업사이클링 식품들이다.

인스톡은 알버트 하인에서 버려지는 식자재를 업사이클링하는 공간이며, 그런 맥락에서 버려지는 음식물을 '구조'한다는 표현을 사용한다. 물론 외부의 평가도 좋다. 그런데 이들이 높은 평가를 받는 이유는 업사이클링이라는 좋은 취지 때문만이 아니라 높은 수익성 때문이다. 구체적으로 살펴보면 다음과 같다.

2018년 3월 3월 기준 400톤에 육박하는 음식을 구조한 인스톡. 메뉴는 그날 들어온 식자재에 따라 달라지며, 가격은 암스테르담의 높은 물가를 고려했을 때 상당히 저렴한 편이다.

인스톡의 바이젠 맥주. 알버트 하인에서 수거한 빵에서 추출한 당으로 만들었다.

2부 유럽 마트에서 관찰하는 소비 트렌드

첫째, 비용 절감과 수익 창출 효과가 있다.

인스톡은 2014년 알버트 하인의 젊은 사원들이 사내 경진대회에서 입상한 아이디어로 시작한 사내 스타트업이다. 인스톡은 알버트 하인 매장에서 판매하는 식자재 가운데 유통기한이 얼마 남지 않거나 모양 때문에 판매할 수 없는 것들을 공급받아 푸드트럭 운영과 케이터링 서비스에 소요되는 식자재로 사용했다. 이후 알버트 하인으로부터 분사한 인스톡은 현재 암스테르담, 헤이그, 위트레흐트 등 3개 도시에서 운영 중이다. 매일 아침 알버트 하인으로부터 식자재를 수거하고, 수거된 식자재에 따라 셰프가 그날의 메뉴를 정한다. 또한 인스톡 식품 구조 센터Instock Food Rescue Center를 만들어 식품 업사이클링에 동참하는 레스토랑 및 케이터링 업체에서 채소 및 과일을 수거해 저렴하게 판매한다.

인스톡이 생기면서 알버트 하인의 식자재 폐기 비용이 줄어들었다. 유통기한 내에 판매하지 못한 식자재를 처리하는 과정에서 처리 비용과 세금이 발생하는데 업사이클링 덕분에 이 비용이 감소한 것이다. 한편 인스톡 입장에서는 식자재를 무료로 공급받으므로 낮은 가격에 식음료를 판매할 수 있다. 가격 경쟁력이 높은 만큼 장사도 잘된다. 인스톡 식품구조 센터에서도 추가적인 매출이 발생한다. 이처럼 인스톡은 알버트 하인의 기업 이미지만 높이는 것이 아니라 새로운 수익원 역할을 톡톡히 한다.

둘째, 자산 증식 효과가 있다.

인스톡은 단순히 카페에 머무르지 않고 자체 브랜드를 론칭해 식품사업 영역으로도 확장하고 있다. 알버트 하인에서 공급받은 빵에서 당을 추출해 만든 독일식 밀맥주 바이젠Bammetjes Bier, 팔기 어려운 작고 못생긴 감자에서 추출한 당으로 만든 페일 에일 맥주Pieper Bier, 유통기한이 얼마 남지 않은 곡류로 만든 그레놀라Instock Granola 등을 생산하고 인스톡 자체 브랜드로 알버트 하인에도 유통시킨다. 업사이클링 덕분에 알버트 하인에 인스톡이라는 추가적인 브랜드 자산, 나아가 새로운 비즈니스 모델을 지닌 자회사라는 자산이 늘어난 셈이다.

셋째, 알버트 하인 입장에서는 인스톡의 홍보 효과를 무시할 수 없다.

2018년 5월 기준 인스톡은 무려 400톤의 식품을 업사이클링했다. 아울러 식품 업사이클링을 사회적으로 확산시키는 노력의 일환으로 남는 식재료를 활용한 요리법 워크숍을 진행하고 요리책을 출간해왔다. 그때마다 언론의 관심과 찬사를 받았음은 물론이다. 인스톡 운영을 통해 수익뿐 아니라 일종의 코즈마케팅(cause marketing, 기업이 환경, 빈곤 등 사회적 문제를 해결하면서 그 자체를 기업의 이익증진에 활용하는 마케팅 기법) 효과가 발생한 것이다.

이처럼 알버트 하인의 식품 업사이클링은 비용 감축, 이익 증가, 자산 증식, 홍보 효과 등 다방면에서 수익성 높은 경영전략이자 브랜딩 전략이 되었다. 이는 다른 많은 기업들이 지속가능 경영을 CSR 관련한 '비용'으로 간주하는 것과는 상당한 차이가 있다. 네덜란드 특유의 합리적 경영 마인드가 지속가능 경영에도 적용된 것이다. 이러한 경영 철학은 역시 내수시장이 크지 않은 한국기업들도 참조할 부분이 많다고 생각한다.

알버트 하인과 델하이즈가 탄생한 네덜란드와 벨기에는 프랑스, 영국, 스페인, 이탈리아, 체코 등 다른 유럽 국가들과 비교했을 때 한국 여행자들에게 그리 인기 있는 여행지는 아니다. 하지만 암스테르담, 로테르담, 브뤼셀, 앤트워프 등 두 나라의 주요 도시들은 유럽의 그 어떤 곳 못지않게 현대 미술관, 디자인 미술관, 다양한 현대 건축물, 상점가, 편집숍, 로컬 브랜드, 시장 등 마케터들이 인사이트를 얻을 수 있는 공간들로 가득하다. 방문을 강력히 추천, 아니 '강력히 강추'한다.

현금이 사라진 세상의 승자는?

지속가능 경영에서도 수익을 추구하는 네덜란드 기업의 합리성은 이 밖에도 여러 모로 관찰된다. 일례로 이곳에는 현금을 받지 않는 곳이 유독 많다. 종이돈을 찍어내려면 나무를 베어야 해서 환경이 파괴되기 때문이다. 그런데 단지 이 때문만일까? 사실 현금 사용 금지 정책은 유통업체에도 이익이다. 잔돈 준비, 계산, 정산 등에 소요되는 시간이 줄어들어 인건비를 줄일 수 있기 때문이다. 즉 수익성을 높이는 지속가능 경영에 해당되기에 네덜란드 유통업체들이 앞 다투어 도입한 것이다.

환경친화적이면서 비용 절감도 가능한 정책인 만큼, 나는 다른 나라에서도 현금을 받지 않는 유통업체가 증가할 것이라 판단했다. 그리고 현금을 사용하지 않음으로써 생겨날 수 있는 기회를 찾아보기 시작했다.

현금 사용이 줄어들면 그 자리를 모바일 결제가 대신하게 된다. 모바일 결제 업체들 중 선두에 있는 기업은 2009년에 설립된 미국의 스퀘어Square•다. 스퀘어는 소상공인들의 모바일 결제를 지원하는 하드웨어와 소프트웨어를 제공하는 사업으로 시작해 다양한 모바일 금융 서비스를 제공하는 핀테크 업체로 성장했으며, 2016년 증시에 상장된 이후 주가가 꾸준히 상승하고 있다.

모바일 결제 사업 역시 일종의 플랫폼 비즈니스인 만큼 이용 고객이 많을수록, 서비스를 도입하는 소매업체가 늘어날수록 가치가 높아진다. 업계 선두업체라는 점, 사업 초기부터 애플이나 스타벅스 같은 글로벌 소매업체들과 협업하거나 다양한 형태로 긴밀한 관계를 맺어

• 스퀘어의 창업주는 트위터의 공동창업주이자 현재 스퀘어와 트위터의 경영을 모두 맡고 있는 잭 도시Jack Dorsey다.

　　　　　　　　　　　2부 유럽 마트에서 관찰하는 소비 트렌드

온 점, 다양한 모바일 금융 서비스를 제공한다는 점에서 스퀘어는 이미 상당한 진입장벽을 구축한 플랫폼 기업이라 볼 수 있다. 이 모든 것이 스퀘어의 기업가치를 높이는 요인이다.

글로벌 1위 무인계산대 제조업체인 NCR도 주목할 만하다. 네덜란드 유통업체들의 현금 사용 금지 정책은 무인계산대 도입과 함께 이뤄졌다.

다만 스퀘어와 달리 NCR의 사업 전망에 대해서는 고민스러웠던 것이 사실이다. 무인계산대는 인건비를 획기적으로 낮춰주는 신기술이지만 소비자에게 계산의 노동을 전가한다는 점, 도난에 취약하다는 단점 등이 있어서 와해성 기술(disruptive technology, 한 산업을 완전히 재편하고 기존 기술을 무력화하는 혁신적 기술)이 나타나면 사라져 버릴 가능성이 있기 때문이다. 실제로 딥러닝 기술을 기반으로 매장에 들어가 앱을 실행시킨 뒤 제품을 담아서 나오면 자동으로 결제되는 미래형 슈퍼마켓 아마존고Amazon Go가 등장했다. 이 때문에 아쉽지만 NCR에 대한 투자를 접은 기억이 있다.

새로운 기술에 투자를 결정할 때에는 해당 기술의 단점을 보완한 더 새로운 기술이 개발될 수 있다는 리스크를 반드시 고려해야 한다. NCR의 무인계산대에는 아마존고가 와해성 기술인 셈이다.

이 기업들의 사례를 보며 느꼈겠지만, 투자가뿐 아니라 마케터로서도 신기술에 익숙해져야 한다. AI 및 블록체인이 대표적이다. AI는 머신러닝, 딥러닝 등의 빅데이터 기술과 이어져 타깃 마케팅을 비롯한 여러 마케팅 실무에 이미 광범위하게 사용되고 있다. 블록체인 기술을 광고 플랫폼에 적용하려는 기업들의 노력도 계속되고 있다. 신기술과 마케팅의 결합이 일반화된 오늘날에는 기술에 뒤처진 마케터는 마케팅 트렌드에 뒤처진 마케터가 될 수밖에 없다.

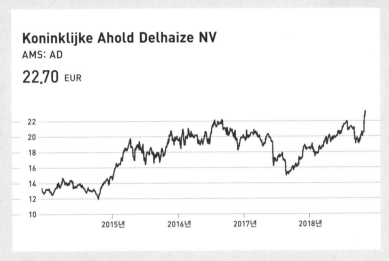

Koninklijke Ahold Delhaize NV
AMS: AD

22.70 EUR

아홀드 델하이즈 네덜란드 증시 차트
네덜란드 1등 마트 기업과 벨기에 1등 마트 기업의 합병으로 탄생한 아홀드 델하이즈. 내수시장이 작
아 영국(테스코), 프랑스(까르푸) 마트 기업들과 다른 전략을 구사한 덕분에 오히려 주가 하락세가 크지
않았다. 약점을 기회로 살린 대표적 사례다.

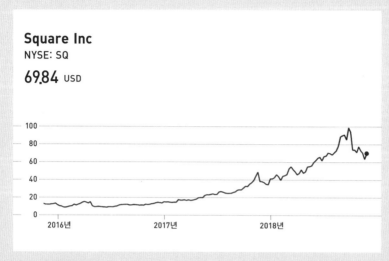

Square Inc
NYSE: SQ

69.84 USD

스퀘어 뉴욕 증시 차트

NCR Corporation
NYSE: NCR

27.71 USD

NCR 뉴욕 증시 차트

지속가능 경영에 대한 사회적 요구가 커지면서 현금 사용 감소는 세계적인 트렌드가 되었다. 스퀘어와 NCR 모두 현금 사용을 대체하는 서비스를 제공하고 있지만, 와해성 기술의 등장이라는 리스크가 존재하는 NCR의 주가 상승세는 상대적으로 약하다. 투자 시 와해성 기술이 미치는 영향을 반드시 고려해야 하는 이유다.

엘 꼬르테 잉글레

: 기업의 투자 리스트에 숨겨진
   기회를 본다

파리 생활 초창기에는 스페인 여행을 자주 갔
다. 심술궂은 파리 사람들과 궂은 날씨에 치일 때면 따뜻한 날씨, 맛있
는 음식, 그리고 친절한 사람들을 찾아 스페인으로 떠나곤 했다. 나뿐
아니라 파리에 거주하는 많은 한국인들이 정착 초기에 비슷한 이유로
스페인을 찾곤 한다.

스페인은 프랑스, 이탈리아와 더불어 유럽 내에서도 식문화가 가장
발달한 나라로 손꼽히지만 의외로 소비 트렌드를 이끌어가는 인상적
인 마트나 슈퍼마켓은 별로 없다. 그보다는 바르셀로나의 라보케리아
시장Mercat de la Bouqueria이나 마드리드의 산미구엘 시장Mercado de San

Miguel 등 전통시장이 스페인의 음식 문화를 이끌어가는 편이다. 백화점 식품관 역시 특별할 것이 없었다. 스페인 백화점 산업을 독점하고 있는 유럽 1위, 세계 4위의 백화점이자 대형마트와 슈퍼마켓, 편의점 등의 유통사업은 물론 여행사, 금융 등으로 영역을 확장한 스페인 3위 기업* 엘 꼬르테 잉글레El Corte Inglés 백화점 식품관조차 말이다.

엘 꼬르테 잉글레는 좋은 투자 대상은 아니다. 비상장 가족회사이기에 투자 자체가 불가능하기도 하지만, 설령 가능했다 하더라도 2000년대에 비해 10년 만에 이익이 절반 이하로 하락했을 정도로 사세가 기울고 있기 때문이다. 백화점 업태 자체가 전 세계적으로 쇠퇴하고 있다는 점을 감안하더라도 엘 꼬르테 잉글레는 혁신 노력이 전혀 느껴지지 않는 '옛날 백화점'에 머물러 있다.

하지만 잘 살펴보면 이런 기업에서도 투자기회를 발견할 수 있다. 엘 꼬르테 잉글레 정도의 규모에 비상장을 유지했다는 것은 그만큼 현금흐름이 좋았다는 뜻이다. 현금이 풍부했던 시절 부동산과 주식 등 우량자산에 투자해둔 경우도 많다. 과거 투자해뒀던 자산을 추적하다 보면 내가 알지 못했던 흥미로운 투자 대상을 발견할 수도 있다. 전성기 시절 야후가 40%의 지분을 보유했던 알리바바처럼 말이다. 나는 과거 야후가 알리바바에 투자했다는 사실을 알고 나서 알리바바

* 1위는 슈퍼마켓 체인인 메르까도나Mercadona, 2위는 패션 브랜드 자라Zara의 모기업인 인디텍스Inditex다.

에 더 관심을 갖게 되었는데, 참고로 알리바바는 현재 시가총액 400 조 원이 넘는 글로벌 기업으로 성장한 반면 야후는 미국 2위 통신사 인 버라이즌Verizon에 2017년 5조 원에 인수되었다.

엘 꼬르테 잉글레 역시 전성기 시절 스페인의 여러 기업에 투자 했다. 그중 한때 1.8%의 지분을 보유했던 IAGInternational Consolidated Airline Group가 유독 눈에 띄었다. IAG는 루프트한자(독일)와 에어프랑 스-KLM(프랑스 / 네덜란드) 그룹에 이은 유럽 3위 항공사다. 자료를 찾 아보니 IAG는 나도 자주 이용했던 스페인 저가항공사 부엘링Vueling의 모기업이었다. 부엘링이라면 나도 꽤 훌륭하게 생각하던 터였다. 저렴한 가격과 저가항공사로서는 괜찮은 서비스 때문에 이용할 때마다 만족스 러웠던 기억이 있어서다.

부엘링은 본래 스페인 최대 항공사인 이베리아Iberia 항공이 대주주 였다. 이를테면 한국 저가항공사 진에어와 대한항공의 관계와 유사하 다. 이베리아 항공이 영국 항공British Airline과 2011년 합병해 IAG가 되었고, 그 과정에서 IAG가 부엘링의 나머지 지분을 인수하면서 이베 리아 항공이 부엘링 지분 9.49%, 이베리아 항공의 모기업이 된 IAG가 나머지 90.51%의 지분을 보유하게 되었다. 그리고 이베리아 항공의 대 주주였던 엘 꼬르테 잉글레는 합병 과정에서 IAG 지분 1.8%를 보유 했다가 2013년에 전량 매각했다.

비록 엘 꼬르테 잉글레는 투자 대상으로서 매력이 떨어지지만, 엘 꼬르테 잉글레를 통해 나는 IAG를 알고 관심을 갖기 시작했다. 내가 관심을 갖게 된 포인트는 크게 두 가지였다.

첫째, 내가 IAG를 눈여겨보기 시작한 2014년에는 IAG뿐 아니라 라이언에어, 이지젯 등 런던을 허브로 하는 모든 항공사 주가가 브렉시트 때문에 급락한 상태였다. 하지만 비즈니스 목적이라면 모를까, 브렉시트 때문에 영국 관광객이 갑자기 줄어들까? 런던은 유럽 금융 산업의 중심지일 뿐 아니라 유럽 문화의 중심지인 만큼 나는 영국의 관광 수요는 유지될 것이라 판단했다. 파운드화의 가치가 떨어지면 오히려 유럽 여행의 시작점으로 런던을 선택하는 사람들이 늘어날 수도 있다고 보았다. 브렉시트 표결 직후 IAG는 주가 급락으로 이익 대비 저평가되었으니, 파운드화의 가치 하락에 따라 IAG의 투자가치는 오히려 높아진 것이다.

둘째, 당시 스페인과 포르투갈 관광객이 증가하는 추세인 점도 감안했다. 파리, 브뤼셀, 베를린 등 유럽의 주요 도시들은 테러 여파로 관광객 수가 줄고 있었다. 그렇다면 이에 대한 반사작용으로 스페인 및 포르투갈 등 이베리아 반도의 관광객이 늘지 않을까? 리스본의 숙박비가 파리 테러 이후 2배가량 상승했다는 소식을 현지 교민에게 들었으며, 스페인 빌바오의 한 레스토랑에서 우연히 옆자리에 앉은 미국인 부부로부터는 파리와 니스의 테러 때문에 프랑스에서 스페인으로 여행지를 변경했다는 얘기를 들었다. 이에 더해 〈꽃보다 할배〉, 〈셰프끼리〉 등 한국의 방송 콘텐츠에서도 스페인과 포르투갈을 다루기 시작하면서 소셜미디어 상에서 이들 국가들에 대한 아시아 여행객들의 관심이 커지는 것이 느껴졌다.

게다가 여행해본 분들은 알겠지만 스페인은 철도 인프라가 제대로 갖춰져 있지 않은 데다 파업도 잦으며, 철로 자체도 매우 비효율적으로 깔려 있었다. 따라서 관광객이 증가할수록 국내선 항공 수요가 높아질 거라 판단했다. 이베리아 항공과 부엘링은 스페인과 포르투갈 국내 노선을 독점하고 있는 항공사이니 항공 수요 증가는 곧 IAG의 매출 상승, 다시 말해 주가 상승의 요인이 된다.

나는 스페인 여행에서 알게 된 엘 꼬르테 잉글레의 과거 투자이력을 살펴보는 과정에서 IAG에 대한 투자기회를 발견했다. 기업의 투자자산은 기업의 본질적 요소는 아니지만, 이런 것들을 관찰하는 것 또한 투자감각을 키우는 중요한 훈련이 된다. 나아가 런던, 포르투갈, 스페인 등 다양한 지역을 여행하면서 얻은 정보를 종합한 덕분에 IAG의 미래가치가 긍정적이라는 판단을 내릴 수 있었다. 투자가들에게 여행을 적극 권하는 이유다.

구단이 아닌 구단주에 투자기회가 있다

축구 경기 시청은 유럽 남성들의 가장 흔한 여가활동이다. 마침 내가 파리에 온 후 프랑스 대표팀은 유로 2016 준우승, 2018 러시아 월드컵 우승이라는 큰 성과를 거뒀으며, 파리의 프로축구 구단인 PSG(파리 생제르맹)는 네이마르, 음바페 등의 스타플레이어를 영입해 강팀이 되었으니, 나 또한 축구 보는 즐거움에 푹 빠졌다.

하루는 PSG의 경기를 시청하다가 문득 축구와 관련된 투자기회는 없을까 하는 궁금증이 생겼다. PSG를 비롯한 대다수의 유럽 축구 구단은 증시에 상장되지 않았기에 투자를 할 수 없다.• 그래서 이번에는 구단주들이 최대주주로 있거나 경영권을 보유하고 있는 기업들을 살펴봤다. 엘 꼬르테 잉글레의 경우처럼, 기업 또는 기업가의 투자를 살펴보면 투자기회를 찾는 데 유용하기 때문이다. 축구 구단을 매입할 만큼 자금 사정이 여유롭다는 것은 곧 구단주의 사업이 잘되고 있다는 시그널이라는 것이 내 사고의 논리였다.

비교적 최근에 축구 구단을 매입한 구단주들, 그리고 그들이 소유한 기업들을 살펴보다 마침내 눈에 들어온 곳이 있었다. 영국 2부 축구 리그 구단인 QPR••이었다. QPR은 과거 박지성 선수가 잠시 몸담

• 영국 프리미어 리그의 맨체스터 유나이티드 정도가 뉴욕 증시에 상장된 예다.
•• 2013년 1부 리그에 해당되는 프리미어 리그에서 2부 리그로 강등되었다.

았던 구단으로, 지분 66%를 보유하고 있는 페르난데즈 회장은 말레이시아 저가항공사인 에어아시아AirAsia의 창업주다. 에어아시아는 아시아 최대 저가항공사이자 전 세계에서 이동거리당 요금이 가장 낮은 항공사다. 페르난데즈 회장은 글로벌 마케팅 전략의 일환으로 QPR을 인수해 한때 에어아시아가 QPR의 유니폼 스폰서를 맡기도 했다. 하지만 야심차게 진출한 일본과 한국에서 성과를 내지 못했고, 취약한 재무구조에 더해 말레이시아 경제위기 등이 겹치면서 에어아시아는 한동안 어려운 시기를 겪었다.

그럼에도 나는 에어아시아가 장기적으로는 매력적인 투자 대상이라고 생각한다. 이용 고객이 증가해 규모의 경제를 실현했고, 항공기 리스 비용이 꾸준히 내려가고 있어서 비용절감 가능성이 있다. 쿠알라룸푸르가 동남아시아의 금융 허브로 성장하고 있다는 점과, 동남아시아 및 중국의 경제가 발전하면서 중산층이 늘어나면 동남아시아 지역의 저가항공 수요도 증가할 것이라는 것이 나의 판단 근거들이다. 무엇보다 이미 아시아 전역에 탄탄한 인프라를 구축한 유일한 저가항공사라는 점이 에어아시아의 가장 큰 투자 매력이 아닐까 싶다. 다만 말레이시아 증시, 다시 말해 신흥국 증시에 상장된 기업인 만큼 환율, 금융위기 등에 따른 리스크에 유의해야 할 필요는 있겠다.

과거 박지성 선수가 맨체스터 유나이티드에서 QPR로 이적을 결정했을 때 나는 QPR이 박지성 선수의 실력 때문에 영입한 것이라고 단순하게 생각했다. 하지만 이면에는 에어아시아의 한국 시장 공략에 박지성 선수를 적극적으로 활용하고자 하는 의도가 있었다.

축구를 비롯한 모든 프로스포츠의 본질은 마케팅이다. 축구를 볼 때에도, 야구를 볼 때에도, 이종격투기를 볼 때에도, e스포츠 경기를 볼 때에도 이 점을 유념한다면 마케터로서 한층 흥미로운 관찰이 가능할 것이다.

International Consolidated Airlns Grp SA
LON: IAG

625.60 GBX

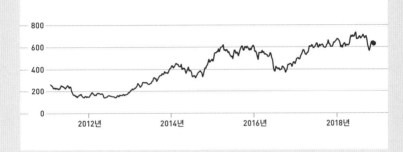

IAG 영국 증시 차트

Airasia Group BHD
KLSE: AIRASIA

3.14 MYR

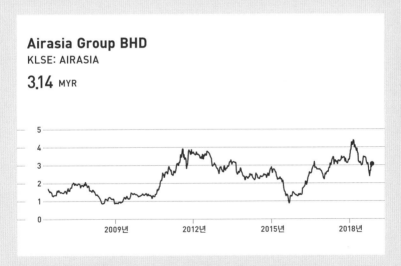

에어아시아 말레이시아 증시 차트

항공사의 기업 가치는 주요 취항지의 관광객 수에 따라 결정된다. 스페인과 포르투갈 관광객이 증가하면서 주가가 상승한 IAG처럼 동남아시아 관광객이 증가하면 에어아시아의 주가 역시 상승하지 않을까?

직접 맛보고
즐기며 익히는
브랜딩 전략

유럽 마트나 슈퍼마켓을 방문하는 일은 브랜드 가치가 높은 식품 브랜드를 관찰할 기회이기도 하다. 맛만 보는 것은 한국에서도 얼마든지 가능하지만 포장 디자인, 프로모션 및 광고 등 해당 브랜드와 관련된 총체적 경험을 하려면 아무래도 현지가 유리하다. 유럽은 우리에게도 익숙한 에비앙 생수, 기네스 맥주, 킷켓 초콜릿, 립톤티 등 매력적인 브랜드의 탄생지다. 유럽의 식품 기업들은 직접 브랜드를 키워가면서, 때로는 다른 기업의 브랜드를 인수하면서 글로벌 기업으로 성장해갔다. 네슬레, 다논, 유니레버, AB인베브, 하이네켄이 대표적이다. 지금도 거대한 글로벌 기업이지만, 매력적인 브랜드를 유지하는 한 이들의 기업가치는 장기적으로 더 높아질 것이다.

유럽 사회에 좋은 식품 브랜드가 유독 많은 이유는 유럽 소비자들의 높은 사회적 의식 덕분이라고 생각한다. 소비자들의 의식 수준에 맞춰 기업들도 친환경, 공정무역 등 다양한 사회적 가치가 반영된 제품을 생산하고, 이 노력이 장기적인 브랜드 가치 상승으로 이어진 것 아닐까.

3부에서는 유럽 마트에서 경험한 좋은 식품 브랜드들의 성장 과정, 브랜딩 전략, 그리고 그러한 브랜드를 보유한 기업들에 관한 이야기를 풀어보고자 했다. 물론 마케터와 투자가의 프레임에서 말이다.

브리델

: 프리미엄 먹거리가 소비자의
행복을 자극하는 법

어릴 때 나는 우유를 무척 싫어했다. (물론 초코 우유와 바나나 우유는 예외다.) 학교에서 억지로 우유를 마시게 해서 그런 걸까 싶기도 하다. 그랬던 내가 파리에 와서는 우유를 엄청나게 마신다. 왜? 맛있어서. 내가 마시는 우유는 브리델Bridel이다. 프랑스 마트에서 판매되는 우유 중에는 프리미엄에 해당되며, 한국의 미식가들 사이에서는 버터와 치즈 제품으로 주로 알려진 브랜드다.

브리델은 브리 치즈의 원산지인 브르타뉴 지방의 대표 유제품 브랜드로, 1990년 락탈리스 그룹Groupe Lactalis에 인수되었다. 락탈리스는 브르타뉴에 이웃한 노르망디 지역의 유제품 기업으로, 까망베르 치즈

브리델 우유. 왼쪽부터 초코 우유, 유기농 우유, 유기농 저지방 우유. 특히 초코 우유의 맛이 기가 막히다.

이젠 한국에서도 쉽게 볼 수 있는 프레지덩의 까망베르 치즈

3부 직접 맛보고 즐기며 익히는 브랜딩 전략

및 버터로 유명한 프레지덩Président 브랜드를 보유하고 있으며, 브리델 인수로 다논에 이어 프랑스 2위 유제품 기업으로 올라섰다. 프랑스 북서부에 위치한 탓에 브르타뉴와 노르망디는 프랑스에서는 드물게 포도 재배가 불가하여 와인을 생산할 수 없다. 대신 목초지가 많아 축산업이 발달했다. 한국에 비유하자면 강원도 대관령 같은 지역인 셈이다.

내가 프랑스 마트에 있는 여러 우유 가운데 하필 브리델 우유를 집어든 이유는 일단 유기농 제품이고, 파스퇴르 살균법(저온 살균)을 사용했고, 브르타뉴 지역에서 생산된 우유이기 때문이다. 나는 유기농 식품이 일반 식품보다 맛있다는 주장에 전적으로 동의하지는 않지만, 최소한 우유만큼은 유기농 우유가 일반 우유보다 월등히 맛있다고 생각한다. 건강하게 자란 소에서 얻은 우유여서 그런 것 아닐까? 또한 저온 살균 우유가 고온 살균 우유보다 맛있다는 것은 이미 널리 알려진 사실이고, 브르타뉴는 프랑스에서도 유제품으로 유명하다. 이런 이유로 브리델 우유를 먹기 시작했고, 그 맛에 반하게 되었다.

우유를 즐겨 마시면서 한 가지 습관이 생겼다. 유럽 각지를 여행할 때마다 그 지역의 우유를 맛보는 것이다. 다양한 우유를 맛보는 것 자체도 즐겁지만, 계속해서 여러 나라의 우유를 맛보다 보니 나만의 독특한 감각이 생기는 것 같다. 무슨 감각인가 하면, 우유 맛과 그 도시

주민들의 행복도가 비례하는 것 같다는 것이다. 여행하면서 우유가 특히 맛있었던 나라는 덴마크, 스위스, 네덜란드였는데, UN에서 발표하는 국가별 행복지수(2018)를 찾아보니 덴마크(3위), 스위스(5위), 네덜란드(6위) 모두 글로벌 행복지수가 월등히 높았다. 내 가설이 틀리지 않다는 전제 하에 그 근거를 생각해보았다.

맛을 논하면서 가장 먼저 품종을 생각하지 않을 수 없다. 젖소의 품종은 우유 맛에 가장 큰 영향을 미치는 요소다. 전 세계적으로 가장 많이 사육되는 젖소는 홀스타인종이다. 착유량, 즉 생산량이 월등하기 때문이다. 착유량이 많으면 수익성이 높음은 당연한 일. 한국의 젖소 100마리 중 99마리는 홀스타인종이고, 프랑스도 홀스타인 비중이 80%가 넘는다.* 프랑스에서 우유는 정부의 가격규제를 받는 상품이어서 마진이 박한 만큼 생산성이 중요해서다.

그러나 홀스타인 우유는 유지방율과 단백질 함유량이 낮아 맛이 떨어지고, 치즈 및 버터 등 다른 유제품을 만들기에도 적합하지 않다. 이런 이유로 낙농 강국인 뉴질랜드, 호주, 미국에서는 저지 종, 스위스에서는 브라운스위스 종, 브리델 우유가 생산되는 프랑스 브르타뉴 지역에서는 노르망드 종을 사육한다. 모두 착유량은 적지만 유지방율과 단백질 함유량이 높은 품종이다. 즉 우유가 맛있는 사회는 음식의 양

* 프랑스의 홀스타인 소는 일반 홀스타인종이 아닌 프림-홀스타인이라는 개량종이어서 일반 홀스타인 우유보다는 맛있다.

네덜란드는 홀스타인 젖소의 종주국으로 유럽의 대표적인 낙농국가다. 네덜란드 로테르담 길거리에서
발견한 젖소 벽화에서 젖소에 대한 애정과 자부심이 느껴진다.

파리 15구 주택가 한가운데 위치한 파스퇴르 연구소. 그 규모가 상당하다. 연구소 내에는 파스퇴르 박사가 살았던 저택이 박물관으로 보존되어 있다.

보다 질을 중시한다는 뜻이고, 그만큼 경제적 여유가 있는 사회이니 행복도도 높지 않을까.

품종 외에 가공방식도 중요하다. 특히 우유 맛은 살균 방식에 따라 크게 달라진다. 잘 알려졌다시피 우유를 살균하는 방식에는 초고온 살균법(120~135°C에서 2초가량), 고온 살균법(75~85°C에서 15~20초가

3부 직접 맛보고 즐기며 익히는 브랜딩 전략

량), 우리나라에는 일명 '파스퇴르법'이라 알려진 저온 살균법(65℃에서 30분가량) 등이 있다. 그동안 국내 우유는 대부분 초고온 살균법으로 생산되었는데, 한때는 그게 맛의 변화가 가장 적어서 좋다고 알고 있었다. 우유 업체들이 그렇게 주장해왔기 때문이다. 하지만 실상은 전혀 달랐다. 저온 살균법은 시간이 오래 걸리는 데다 세균이 적은 고품질 원유만 사용해야 하기에 비용이 높아지는 반면, 초고온 살균법은 비용이 낮아서 으레 그 방식을 썼을 뿐이다. 이런 이유로 국내에서 파스퇴르 우유가 최초로 저온 살균법을 채택했을 때 기존 우유 업체들의 엄청난 견제를 받아야 했다. 현재는 파스퇴르 우유 외에도 상하목장 우유 등 여러 프리미엄 우유 브랜드가 저온 살균법으로 우유를 생산하고 있다.

파스퇴르 살균법을 개발한 파스퇴르 박사는 프랑스인이다. 저온 살균법의 종주국인 프랑스의 프리미엄 우유 브리델 또한 당연히 저온 살균법이 사용된다. 맛있고 영양가 높은 먹거리를 위해 높은 비용을 감수하는 사회인 것이다. 그만큼 행복한 사회 아니겠는가.

이 밖에도 우유가 맛있으려면 자연환경이 뛰어나야 하는데, 환경이야말로 한 사회의 행복도에 큰 영향을 미치는 요소다. 가령 우유를 비롯한 유제품이 유명한 일본 홋카이도, 스위스, 덴마크, 프랑스 브르타뉴 등은 모두 깨끗한 자연환경을 자랑한다. 이러한 청정지역이 한 국가 내에 존재한다는 점, 그리고 유통기한이 짧은 우유를 도시 지역까지 유통시킬 만큼 교통망이 발달했다는 점은 구성원들이 여가를 즐길 수 있는 조건이 잘 갖춰진 사회임을 의미한다.

또한 여행하면서 관찰한 결과, 우유 브랜드가 다양할수록 대체로 맛도 있었다. 경쟁이 있으면 품질도 높아지게 마련이다. 또한 경쟁이 일어난다는 것은 대규모 독과점 기업이 아니라 다수의 기업, 나아가 소규모 브랜드도 사업을 영위할 수 있는 환경이 갖춰졌거나, 그만큼 시장의 규모가 크다는 뜻일 것이다. 영세업체들도 수익을 낼 수 있고 소비자에게 다양한 선택권이 주어지는 사회라면 그만큼 행복한 사회라고 생각한다.

우유가 맛있는 사회는 행복한 사회일 것이라는 내 가설의 근거는 대략 이 정도다. 맞을 수도 있고 틀릴 수도 있지만, 어쨌든 나는 우유 맛을 한 사회의 행복도를 판단하는 휴리스틱(heuristic, 시간, 자료, 인지적 자원 등이 부족하여 경험과 직관으로 대충 답을 찾는 사고방식)으로 사용하고 있는 셈이다. 브리델 같은 맛있는 프리미엄 먹거리 브랜드가 존재하는 사회는 행복한 사회라고 말이다. 나아가 맛있는 우유를 마실 때마다 지금 행복한 도시에 머물고 있다고, 행복한 도시를 여행 중이라고 생각하면서 나 또한 행복감을 느끼게 된다.

　　　　　3부 직접 맛보고 즐기며 익히는 브랜딩 전략

신흥시장에 프리미엄 깃발을 꽂아라

그런데 사실 일반적으로 생각하는 '행복한 먹거리'의 대명사는 우유가 아니다. 입안에 퍼지는 달콤하고 부드러운 맛, 달콤한 사랑까지 연상하게 하는 음식은 바로 초콜릿이다. 초콜릿이 실제로는 커피 및 설탕과 더불어 강대국들의 식민지 수탈의 역사를 상징한다는 점을 떠올려보면 아이러니다.

그동안 글로벌 초콜릿 산업은 네슬레, 마스Mars, 허쉬Hershey, 몬델레즈Mondelez 등 이른바 초콜릿 카르텔 기업들이 장악해왔다. 이들은 유럽 및 미국의 유통망을 무기로 초콜릿의 주요 원료인 카카오빈의 가격을 통제했고, 그 과정에서 카카오 생산국들을 경제적으로 착취해왔다. 최근에는 각국 정부의 규제와 NGO들의 비판이 거세지고 일본의 메이지Meiji 등 신예 기업들이 성장하면서 카르텔 기업들의 통제력이 예전만 못하지만, 여전히 이들 기업이 카카오빈 가격에 미치는 영향력을 무시할 수는 없다.

카르텔이 존재하는 산업에 혁신이 발붙일 여지는 크지 않지만, 그렇기에 오히려 투자기회가 있지 않을까 싶기도 하다. 특히 생필품에 가까운 우유와 달리 초콜릿은 사람들의 행복감을 자극하는 기호품인 만큼, 프리미엄 초콜릿 영역에서 경쟁력이 있는 기업은 투자가치가 높다고 생각한다.

이 조건에 가장 부합하는 기업은 스위스 취리히 증시에 상장된 린트앤스프룅글리Lindt & Sprüengli다. 기업명은 생소하지만 린트 초콜릿이라 하면 '아~!' 하는 독자들이 많을 듯하다. 기라델리Ghirardelli, 카파렐Caffarel, 큐퍼레Küfferle, 호프바우어Hofbauer 등의 브랜드를 인수하며 규모를 키워 현재는 세계 7위의 초콜릿 기업으로 성장했다.

앞서 말한 대로 린트앤스프룅글리의 브랜드 자산은 프리미엄 라인에서 나온다. 7대 글로벌 초콜릿 기업 가운데 네슬레, 마스, 허쉬, 몬델레즈, 메이지는 주로 중저가 초콜릿을 판매한다. 그나마 마스는 비상장 기업이며 네슬레와 몬델레즈, 메이지는 전체 매출에서 초콜릿이 차지하는 비중이 작다. 최근 중저가 초콜릿 시장의 성장세가 둔화되면서 네슬레처럼 관련 사업을 매각하는 경우도 있다. 반면 프리미엄 초콜릿 시장은 빠르게 성장하고 있는데, 7대 기업 가운데 프리미엄 라인에 집중하는 기업은 린트앤스프룅글리와 이탈리아의 페레로로쉐Ferrero Rocher뿐이다. 이 중 페레로로쉐는 비상장 기업이기에 투자가 가능한 프리미엄 초콜릿 기업은 린트앤스프룅글리밖에 없는 셈.

이 회사의 경쟁력은 카테고리만이 아니라 시장에서도 입증된다. 특히 유럽 외 신흥시장에 강해서 현재 매출의 40%가 북미 지역에서 나온다. 지난 20여 년간 북미 시장에 공들인 덕분에 프리미엄 카테고리에서는 북미 1위, 초콜릿 전체로는 3위 기업으로 성장했다. 이제 린트앤스프룅글리는 러시아(세계 2위), 일본(세계 6위), 브라질(세계 7위), 중국(세계 8위) 등 시장 규모 자체는 크지만 아직 초콜릿 소비량은 적은

린트부티크. 부티크 매장과 린트 카페가 함께 있다.

국가들을 집중적으로 공략하며 빠르게 성장하고 있다. 초콜릿을 가장 많이 먹는 스위스 사람들이 1년에 약 8.8kg을 소비하는 데 반해 러시아는 4.8kg, 브라질과 일본은 1.2kg, 중국은 0.1kg밖에 되지 않는다는 사실을 감안한다면,* 향후 이들 시장의 성장 가능성은 높아 보인다.

최근 린트 초콜릿은 이들 신흥시장에서 린트 초콜릿 부티크 스토어와 초콜릿 카페를 운영하며 소비자와의 접점을 넓혀 브랜드 인지도를 높이는 데 집중하고 있다. 프리미엄 라인의 경쟁력과 미국이라는 세계 최대 시장을 개척해본 경험 등을 고려했을 때, 신흥시장에서 린트앤스프링글리의 전망은 밝아 보인다.

여기에 덧붙여, 린트앤스프링글리의 미래를 밝게 보는 이유가 한 가지 더 있다. 전 세계 면세 초콜릿 시장 1위 기업이라는 점이다. 여행 다니면서 공항 면세점에 가보면 반드시 볼 수 있는 브랜드가 바로 린트 초콜릿이다. 린트앤스프링글리는 세계 1위 면세 사업자인 듀프리Dufry와 전략적 제휴를 맺어 면세 시장에서 입지를 탄탄히 구축했다. 초콜릿은 담배, 술, 향수와 더불어 면세점의 주력 품목이다. 향후 중국을 비롯한 신흥국 여행자가 증가할 것으로 예상되는 만큼, 면세 시장의 최강자라는 점은 린트앤스프링글리의 빼놓을 수 없는 강점이다.

● 린트앤스프링글리 2017 연간보고서 참조.

과거 아시아 지역에서 커피 소비량이 급증하면서 스타벅스를 비롯한 프리미엄 커피 기업들의 주가가 올랐듯이, 아시아 지역에서 초콜릿 소비가 증가할 경우 초콜릿 기업의 주가 또한 오를 것이다. 그중에서도 가장 큰 수혜를 입을 기업은 신흥시장에 강한 린트앤스프링글리일 것이다. 급증하는 아시아 여행객들이 면세점에서 선물용 초콜릿을 고를 때 가장 먼저 눈에 띄는 브랜드는 린트 초콜릿이지 않겠는가?

프리미엄 기호품을 생산하는 기업들의 향방은 아시아 시장에서의 성장 여부에 달려 있다는 사실은 이미 기정사실처럼 돼 있다. 나는 그 이유를 아시아 주요 국가들의 '낮은' 행복지수에서 찾는다. 한국, 중국, 일본, 싱가포르, 홍콩 등 주요 아시아 국가들은 급격한 경제성장을 달성했음에도 극심한 사회적 비교와 경쟁, 물질주의의 만연 등으로 유럽과 달리 사회 전체의 행복도가 낮다. 그래서 이들은 행복한 사회의 프리미엄 먹거리를 수입, 소비함으로써 일시적으로나마 행복을 느끼려고 한다. 프리미엄 먹거리 브랜드들이 아시아 시장을 공략하는 이유다.

좋은 마케터가 되기 위해서는 국가별 행복지수 등 마케팅이나 브랜딩과 직접적인 관계가 없어 보이지만 소비자의 니즈를 파악하는 데 유용한 자신만의 사회적 지표를 많이 확보할 것을 권한다. 이러한 소소한 노력들이 다른 마케터들과의 차별화로 이어진다. 내가 생각하는 마케터의 생존법이랄까.

Chocoladefabriken Lindt & Spruengli AG
SWX: LISN

80,300.00 CHF

린트앤스피룅글리 스위스 증시 차트

세계 7대 초콜릿 기업 가운데 유일하게 투자가 가능한 프리미엄 초콜릿 기업 린트앤스프링글리. 프리미엄 먹거리 기업의 투자 향방을 결정하는 것은 아시아 시장에서의 성공 여부다. 어쩌면 유럽 기업인 스프링글리의 투자 매력도를 판단하는 데 가장 유리한 위치에 있는 건 아시아 투자가들이 아닐까?

퓨어써클

: 코카콜라는 왜 원료 브랜딩을 시작했을까?

최근 영국을 필두로 유럽의 여러 국가들이 치르는 전쟁이 있다. 바로 '설탕과의 전쟁.' 설탕이 비만, 특히 소아비만에 미치는 영향이 크다는 이유에서다. 그중에서도 주범으로 꼽힌 것이 다량의 설탕이 함유된 탄산음료다.

딱히 새로운 이야기는 아니다. 단적인 예로 100여 년의 역사를 자랑하는 코카콜라가 세간의 비난에서 자유로웠던 적이 있던가. 이온음료, 비타민 음료, 과즙 주스, 생수 등의 영역으로 사업을 확장하는 한편 코카콜라 라이트나 코카콜라 제로 등 0칼로리 제품을 출시하는 방식으로 대처해왔지만 코카콜라에 대한 부정적인 시선은 쉽사리 사라지지 않고 오히려 강해지고 있는 실정이다. 제품 다각화에도 불구하고 코카콜라 매출의 가장 큰 비중을 차지하는 카테고리는 여전히 탄산음료이고, 소비자들도 코카콜라를 으레 탄산음료와 연결 짓는다. 이 연결고리를 끊기 위해 코카콜라는 주력 제품인 코카콜라에 대한 기존의 소비자 인식을 싹 바꾸는 시도를 하고 있다.

사실 설탕 때문에 높아진 칼로리 문제는 코카콜라 라이트와 코카콜라 제로를 출시함으로써 이미 해결되었다. 두 제품에는 설탕 대신 아스파탐이 사용되었는데, 아스파탐은 화학감미료로 설탕보다 200배 이상 당도가 높아 아주 소량으로도 설탕과 같은 단맛을 낼 수가 있어 칼로리를 극단적으로 낮추어준다. 심지어 생산원가도 설탕보다 훨씬 저렴하다. 문제는 건강과 환경에 관심이 많은 밀레니얼 소비자들이 화학적 공정 자체에 거부감을 갖는다는 점이다. 많은 밀레니얼 소비자들은 탄산음료보다 차, 코코넛워터, 탄산수 등 인공적인 요소가 적은 자연주의 음료를 선호한다. 이들 소비자에게 어필하기 위해서는 코카콜라도 저칼로리뿐 아니라 자연주의 음료가 되어야 했다.

코카콜라가 자연주의 음료라니, 과연 이 '미션 임파서블'이 가능할까? 탄산음료는 인위적으로 단맛을 내는 만큼 태생부터 자연주의 음료와는 거리가 있는데 말이다.

코카콜라는 설탕 대신 스테비아를 사용함으로써 문제 해결을 시도했다. 스테비아는 '스테비아 허브' 잎에서 추출한 천연 감미료로, 아스

파탐과 마찬가지로 설탕보다 200배 이상의 단맛을 낸다. 콜라에 화학적으로 제조한 인공 감미료가 아니라 천연 감미료인 스테비아를 사용할 경우 칼로리가 낮은 자연주의 음료로 포지셔닝할 수 있다는 것이 코카콜라 측의 판단이었다. 즉 일종의 원료 브랜딩 전략이다. 이렇게 출시된 제품이 바로 코카콜라 라이프. 코카콜라는 '라이프'의 용기와 라벨에 자신의 시그너처 컬러인 빨간색 대신 녹색을 사용하는 파격을 시도했고, 페트병에는 식물 추출물로 생산한 바이오 플라스틱을 사용했다.

이로써 코카콜라는 불가능해 보였던 저칼로리 자연주의 탄산음료를 실현했다. 그렇다면 된 것 아닌가?

하지만 스테비아에는 두 가지 약점이 있다. 첫 번째 약점은 원가가 높고 단맛과 함께 강한 쓴맛이 난다는 점이다. 그래서 코카콜라 라이프에는 스테비아의 쓴맛을 중화시키는 용도로 기존의 3분의 2 분량의 설탕이 사용되었다. 이것이 두 번째 약점을 야기했다. 설탕 때문에 코카콜라 라이프의 칼로리가 코카콜라 클래식의 60% 수준까지 높아진 것이다. 칼로리가 0에 가까운 코카콜라 라이트나 코카콜라 제로보다 칼로리가 더 높은 것이다.

코카콜라 라이프는 2013년 스테비아의 원산지인 아르헨티나와 칠레에서 먼저 생산되고 출시됐지만, 핵심 타깃이 유럽 소비자였던 탓에 초기에 별다른 호응을 얻지 못했다. 이듬해 영국과 스웨덴을 시작으로 프랑스, 그리스 등 여러 유럽 국가에 본격적으로 론칭했지만, 2017년 영국을 마지막으로 현재는 단종된 상태다. 앞서 말한 두 가지 단점을 극복하지 못하고 실패하고 만 것이다.

코카콜라의 향후 대안은 무엇일까? 2018년 현재 코카콜라는 퓨어 써클Pure Circle이라는 세계 최대 스테비아 생산업체와 손잡고 새로운 제품을 개발하고 있다. 바로 100% 스테비아만을 사용한 코카콜라다. 퓨어써클은 영국인들에 의해 경영되고 런던 증시에 상장된 영국 기업 이지만, 노동력이 저렴하고 스테비아 생산에 최적화된 기후를 지닌 말 레이시아에 농장을 만들어 스테비아를 대량으로 생산하고 있다.

코카콜라가 퓨어써클과 손잡은 이유는 두 가지다. 현재 세계에서 유일하게 스테비아 대량생산이 가능한 업체이며, 생산방식 또한 인공 적이지 않기 때문이다. 그동안 스테비아는 스테비아 허브 잎에서 추출 한 REB-A 성분으로 만들어졌다. 코카콜라 라이프에도 이 스테비아가 사용되었는데, 문제는 앞에서 언급한 대로 이 성분에 단맛과 함께 쓴 맛도 있다는 점이다. 이에 REB-A의 단맛은 유지하고 쓴맛을 제거하 고자 노력해 REB-M이라는 성분을 생산하는 데 성공했다.

그런데 이것을 생산하는 방식은 인공적일 수도, 그렇지 않을 수도 있다. 퓨어써클은 스테비아 허브를 재배하여 REB-A 성분을 우선 추 출한 다음, 발효과정을 거쳐 REB-M을 최종적으로 생산한다. 반면 일

3부 직접 맛보고 즐기며 익히는 브랜딩 전략

패키지에 초록색을 사용한 코카콜라 라이프

부 업체들은 스테비아 허브를 재배하는 대신 바이오 기술을 통해 사탕수수, 옥수수 등을 원료로 REB-M을 바로 합성하여 생산한다. 스테비아 허브를 재배하는 비용이 높기 때문에 저렴한 사탕수수와 옥수수를 사용하는 것이다. 그렇게 해서 원가를 크게 낮출 수는 있지만, 문제는 합성과정을 거친 스테비아를 과연 천연 감미료라 부를 수 있는지 하는 것이다.

자연주의 음료 이미지를 구축하려는 코카콜라 입장에서는 생산비용이 높더라도 자연주의적 방식으로 스테비아를 생산하는 퓨어써클과 손을 잡을 수밖에 없다. 코카콜라 신제품의 성공 여부는 REB-M

을 사용하여 코카콜라 클래식과 동일한 맛을 낼 수 있는지, 그리고 생산원가를 어디까지 낮출 수 있는지에 달려 있다.

세계적으로 친환경, 웰빙 식품 및 소비재에 대한 수요가 증가하는 추세에 발맞춰 기업들도 지속가능한 브랜드를 출시하거나 기존 제품을 새롭게 브랜딩하고 있다. 그 핵심은 원료여서, 많은 기업들이 점차 유기농 또는 천연원료 사용 비중을 높여가고 있다. 투자가라면 지속가능한 브랜딩 자체에도 주목해야 하지만, 그들에게 원료를 공급하는 업체들에 더 큰 관심을 가질 필요가 있다. 그 편이 시장에서 성공했을 때의 결실이 훨씬 크다. 스테비아를 생각해보라. 코카콜라 신제품이 성공한다면 코카콜라의 성장보다 스테비아 생산업체인 퓨어써클의 주가 상승 여력이 더 크지 않겠는가.

현재 퓨어써클의 성장세는 기대보다 더디지만 매출이 꾸준히 증가하고 있다. 물론 스테비아 산업에 대한 높은 기대치 때문에 PER(Price Earning Ratio, 주가수익률)의 60배에 육박할 정도로 주가가 지나치게 비싼 상태이긴 하지만, 글로벌 기업인 코카콜라와의 협업 성공은 퓨어써클의 드라마틱한 매출 증가를 불러올 것이며 향후 음료, 제과, 초콜릿 등 설탕을 사용하는 모든 식품 기업들과의 협업으로 이어질 것이다. 따라서 먹거리에 관심 많은 투자가라면, 코카콜라의 스테비아 신제품이 출시되면 곧장 마트로 달려갈 일이다. 일단 맛을 본 뒤 퓨어써클에 대한 투자 여부를 결정하는 것도 소소한 즐거움이 되지 않을까.

지속가능한 사업의 핵심은 원료에 있다

지속가능성에 대한 관심은 산업의 전 영역에 나타나는 주요 이슈
다. 그중 화장품 산업은 피부에 직접 사용하는 터라 친환경 원료에 대
한 수요가 식품 산업 못지않게 크다. 마침 유럽은 지속가능성 이슈에
가장 민감한 사회여서 나는 운 좋게 이런 변화를 먼저 체감할 수 있
었다. 몇 년간 유럽을 두루 여행하면서 친환경 식품 및 화장품 원료를
공급하는 기업들을 집중적으로 스터디할 기회가 있었는데, 그 과정에
서 주목하게 된 기업이 나투렉스Naturex다.

프랑스 남부 도시 아비뇽과 모로코에 공장을 보유하고 있는 나투렉
스는 식물에서 추출한 성분들로 친환경 식품, 제약, 화장품 원료를 생
산하는 기업이다. 프랑스 남부 지역과 모로코는 원래 아로마 오일의 원
산지로 유명한데 지역의 전통적인 산업을 기업화하여 부가가치를 높
인 것이다. 나투렉스는 1992년에 창업해 1996년 파리 증시에 상장되
었으며, 친환경 원료에 대한 수요가 지속적으로 증가하면서 기업가치
도, 밸류에이션valuation도 지속적으로 상승했다. 투자자의 관점에서 보
면 친환경 원료라는 차별화된 사업영역에서 우월한 기술과 생산시설
을 확보했다는 점, 화장품 영역에서 경쟁우위로 이어질 수 있는 원산

지 효과, 시가총액 1조 원에 불과한 기업 규모는 나투렉스가 여전히 투자가치 높은 기업이라고 판단할 근거가 된다.

그런데 내가 원고 초안을 써두고 수정하는 사이 나투렉스가 세계 1위 향료 기업인 스위스의 지보단Givaudan에 인수되는 일이 실제로 발생했다. 물론 주가도 급등했다. 지보단의 자회사가 된 만큼 더 이상 나투렉스에 투자할 수는 없게 됐지만 유럽, 미국, 아시아에는 경쟁력 있는 친환경 원료 기업들이 다수 있는 만큼 꾸준히 관심을 둘 필요가 있다.

친환경 원료 기업들의 기업가치 상승은 결국 브랜딩 관점에서 해석될 수 있다. 친환경 원료 브랜딩 시도가 늘어날수록 친환경 원료 기업들의 매출 역시 증가했기 때문이다. 하지만 더 큰 이유는 친환경 원료 브랜딩을 독점적으로 추진하고자 하는 식품 및 화장품 기업들의 니즈에 있다. 이들 중 아예 친환경 원료 기업을 인수합병하고자 하는 기업이 늘어날 것이며, 그럴수록 친환경 원료 기업들의 가치는 더욱 높아질 것이다. 지보단의 나투렉스 인수합병은 우리가 일반적으로 생각하는 것 이상으로 기업의 여러 중요한 의사결정들이 브랜딩 관점에서 이뤄지고 있음을 보여주는 사례다.

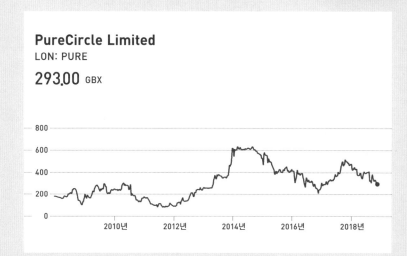

PureCircle Limited
LON: PURE
293.00 GBX

퓨어써클 영국 증시 차트

설탕을 대체하는 천연 감미료 스테비아를 생산하는 퓨어써클. 코카콜라는 자연주의 원료 브랜딩을 위해 퓨어써클과 손잡았다. 설탕 대신 스테비아가 사용된 코카콜라의 신제품이 성공한다면 퓨어써클의 주가 상승은 당연지사. 투자가라면 누구보다 먼저 코카콜라의 신제품을 맛보도록 하자.

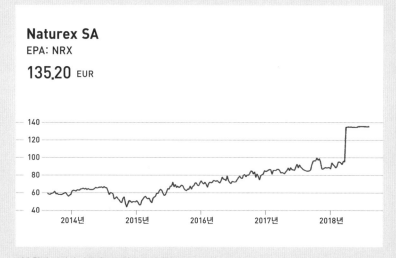

Naturex SA
EPA: NRX
135.20 EUR

인수합병 이전의 나투렉스 프랑스 증시 차트

지속가능한 원료 브랜딩의 핵심은 지속가능한 원료를 독점적으로 확보하는 것이다. 지속가능한 원료 생산 기업들의 투자 가치가 높아지는 이유다. 인수합병이 발표되는 순간 해당 기업의 주가는 급등하게 마련이다. 나투렉스처럼.

하이네켄과 칼스버그

: 소비자의 브랜드 경험을 장려하는 '진짜' 이유

하이네켄과 칼스버그는 비슷한 점이 많은 맥주 회사이자 브랜드다. 품질 좋은 라거 맥주를 생산한다는 점, 각각 네덜란드와 덴마크라는 유럽 작은 국가의 1등 맥주 브랜드라는 점, 녹색을 브랜드 정체성으로 삼고 있다는 점 등에서 두 기업은 유사하다.

하지만 이러한 공통점이 있음에도 기업가치는 상당히 다르다. 하이네켄은 시가총액 약 60조 원의 세계 2위 맥주 기업인 반면 칼스버그는 약 20조 원 수준의 세계 6위 기업이다. 나는 이 차이가 두 기업의 브랜딩 역량 차이에서 비롯되었다고 생각한다. 하이네켄은 스스로를 '브랜드 구축자Brand Builder'라 정의할 정도로 브랜드 가치를 높이는 데 집

코펜하겐 공항의 칼스버그 광고

중하는 마케팅 중심 기업인 반면, 칼스버그는 맥주의 품질을 높이는 R&D에 집중하는 연구소 같은 기업이다. 경영철학의 차이는 각각 암스테르담과 코펜하겐에 있는 두 브랜드의 맥주 뮤지엄에서 더욱 명확히 느낄 수 있었다. 칼스버그 뮤지엄이 자사의 양조기술 발전사를 상세히 소개하는 공간이라면, 하이네켄 뮤지엄은 한바탕 체험의 장이다.

덴마크 사회 전반에 미치는 칼스버그의 영향력은 방문객을 가장 먼저 맞이하는 코펜하겐 공항의 칼스버그 광고, 도시 곳곳에서 판매되는 칼스버그 맥주뿐 아니라 칼스버그의 기증과 후원으로 운영되는 코펜하겐의 여러 문화시설에서도 엿볼 수 있었다. 1847년 설립된 칼스버그는 코펜하겐 그 자체라는 생각이 들 정도다. 덴마크인들의 사랑을 듬뿍 받는 칼스버그는 다음과 같은 경쟁력을 지닌 기업이다.

일단 라거 맥주가 정말 맛있다. 칼스버그는 사업 초기부터 품질 향상에 많은 투자를 해왔다. 1867년 사업 초창기에 일어난 양조장 화재를 계기로 양조장 현대화 및 냉장 시스템 도입을 선도했으며, 칼스버그 연구소를 설립하여 맥주와 관련한 각종 기술을 확보했다. 연구소의 대표적 성과로 꼽히는 순수효모배양법은 맥주의 변질을 막아주는 기술로 라거 계열의 맥주를 만드는 데 반드시 필요하다. 놀라운 점은 칼스버그가 이 기술을 경쟁사들에게 무상으로 공개했다는 사실이다. 품질 향상이라는 사명감이 얼마나 큰지 짐작할 수 있는 예다. 이러한 열정과 투자에 걸맞게 칼스버그 맥주의 맛, 특히 덴마크 현지에서 먹는 맛은 한국 소비자들이 생각하는 것보다 훨씬 훌륭하다.

칼스버그 그룹의 주력은 덴마크 브랜드인 칼스버그와 투보그Tuborg로, 두 맥주 모두 중국, 인도, 베트남, 캄보디아, 라오스 등 선진국보다는 아시아 신흥국 시장에서 인기가 더 많다. 특히 투보그는 인도 수입맥주 1위, 중국 수입맥주 2위에 해당될 정도로 인기가 높다. 이 외에도 칼스버그는 인수합병 또는 지분투자를 통해 인기 있는 로컬 맥주 브랜드를 여럿 보유하고 있다.• 러시아 1위 발찌까Baltika, 라오스 시장점유

● 2018 칼스버그 그룹 연간보고서 참조.

칼스버그 본사 사옥. 칼스버그가 소유하고 있던 이 일대 부지에 대대적인 부동산 프로젝트를 진행하고 있다.

뮤지엄으로 보존된 칼스버그의 초기 공장

율 96%의 비어라오Beerlao, 노르웨이 1위 링네스Ringnes, 포르투갈 1위인 슈퍼복Super Bock 등이 모두 칼스버그의 브랜드다.

사회적 책임에 적극적인 모습도 칼스버그가 덴마크의 국민맥주이자 존경받는 기업이 되는 데 일조했다. 주식에는 '죄악주sin stock'라는 표현이 있다. 담배, 술, 도박, 무기 등 사람들에게 해로울 수 있는 제품/서비스를 제공하는 기업의 주식을 가리키는 말이다. 맥주 회사인 칼스버그 역시 대표적인 죄악주인데, 이렇게 일컫기 미안할 정도로 칼스버그는 사회적 책임에 충실한 기업이다.

이런 기업문화는 창업주들로 거슬러 올라간다. 앞에서 언급한 대로 맥주 품질 향상을 위해 순수효모배양법을 무상으로 공개한 것은 물론이거니와 생전에 수집하던 미술품을 모두 덴마크 정부에 기증해 칼스버그 뮤지엄을 만들고, 나머지 재산은 대부분 칼스버그 재단에 기부했다. 현재 칼스버그의 최대 주주가 바로 칼스버그 재단으로, 그룹 지분 30%와 의결권 70%를 보유하고 있다. 창업주들의 철학은 칼스버그의 경영철학으로 이어져 탄소배출 제로, 물 낭비 제로, 무절제한 알코올 소비 근절, 공장 내 사고 최소화 등의 지속가능한 비전을 추구하고 있다. 이 모든 노력이 칼스버그의 브랜드 자산이 되었음은 물론이다.

문제는 덴마크 밖에서다. 칼스버그 그룹의 오랜 사회공헌 활동은 덴마크 안에서는 미담이자 사회적 귀감이지만 글로벌 소비자에게 어필하기는 쉽지 않다. 앞에서 언급한 칼스버그의 특장점들은 해외에서 오히려 약점이 되기도 한다. 칼스버그가 라거 맥주 위주라는 것부터 그렇다. 미국, 일본, 중국, 한국 등 대부분의 맥주 시장에는 이미 강력한 현지 라거 맥주 브랜드가 존재한다. 품질도 다들 상향평준화되어 격차가 크지 않다. 게다가 라거 맥주는 청량감이 매우 중요해서, 유통과정이 복잡한 수입 라거보다는 생산지와 소비지가 가까운 로컬 라거가 더 유리하다. 최근 수입맥주의 상당수가 에일 또는 스타우트 계열인 이유도 이 때문인데, 청량감 대신 깊고 진한 맛으로 어필하므로 긴 유통과정에도 문제없다. 이 때문에 뛰어난 맛과 품질을 강조하는 칼스버그의 브랜딩 전략은 덴마크 밖에서 그리 효과적이지 않다.

그렇다면 라거 맥주가 주력인 맥주회사들은 다 비슷한 고민에 빠져 있어야 하지 않을까? 하지만 똑같이 라거 맥주를 생산하는 하이네켄은 해외에서도 잘나간다. 이유가 뭘까? 이들에게는 남다른 브랜딩 전략이 있기 때문이다.

하이네켄의 브랜딩 전략은 'Heineken Experience', 즉 하이네켄 체험이라는 표현으로 집약된다. 이들은 맥주 맛 자체보다는 하이네켄을 마시는 순간의 경험을 소비자들에게 전달하는 데 집중한다. 매년 국제 광고제에서 수상할 만큼 창의력 넘치는 광고, 축구를 비롯한 스포츠 스폰서십과 관련 프로모션 등이 모두 체험을 강화하는 수단이 된다.

이러한 전략은 암스테르담에 위치한 맥주 뮤지엄에서도 느낄 수 있다. 일정 규모 이상의 맥주 브랜드들은 자사의 역사와 생산공정을 보여주는 뮤지엄을 설립한다. 그런데 하이네켄은 이 공간에 뮤지엄 대신 '하이네켄 익스페리언스'라는 이름을 붙였다. 말 그대로 하이네켄이라는 브랜드를 '체험'하는 공간인 것이다.

이곳에 가면 하이네켄의 역사 및 생산시설과 더불어 증강현실AR, 가상현실VR, 인터랙티브 미디어 등 최신기술을 통해 하이네켄 브랜드와 관련된 다양한 체험을 할 수 있다. 가령 VR 기술을 활용한 축구 게임,• 하이네켄 자전거를 타고 유럽의 주요 도시를 투어하는 AR 게임 등이 대표적이다. 뮤지엄에는 실제 클럽과 유사한 공간이 있어서 관람객 누구나 클럽에서 하이네켄 마시는 느낌을 즐길 수 있다. 한쪽에서는 생맥주 따르는 기술을 알려주기도 한다.

이처럼 하이네켄 익스페리언스에 오면 하이네켄이라는 브랜드의 지향점이 여타 라거 브랜드들과 어떻게 다른지 확연히 알 수 있다. 맛의 차이가 적은 라거 맥주시장에서 경험 중심의 브랜딩 전략은 하이네켄이라는 브랜드를 더욱 돋보이게 한다.

하이네켄의 경험 마케팅은 제품전략에서도 드러난다. 대개 일정 규모 이상의 맥주회사는 다양한 맥주 브랜드를 출시해 소비자들의 다양

• 하이네켄은 유럽 축구 클럽 대항전인 UEFA 챔피언스리그를 후원한다.

3부 직접 맛보고 즐기며 익히는 브랜딩 전략

하이네켄 자전거를 타고 암스테르담 시내를 투어하는 증강현실 게임

하이네켄 익스페리언스에서는 방문객들에게 생맥주 따르는 법을 알려주기도 한다.

한 입맛을 공략한다. 그런데 하이네켄은 일시적으로 판매하는 한정판을 제외하고는 오리지널 하이네켄과 2017년에 출시된 무알코올 하이네켄만 만든다.* 대신 기본 하이네켄을 캔, 유리병, 플라스틱병, 케그 등 다양한 패키지로 판매하며 도시 에디션, 국가 에디션 등 다양한 디자인 한정판을 수시로 출시한다. 소비자들에게 맛의 다양성이 아니라 용기容器 및 디자인의 다양성을 경험하게 하는 경험 중심 브랜딩 전략의 일환이다.

공통점이 많은 하이네켄과 칼스버그의 글로벌 경쟁력 차이는 소비자의 브랜드 경험에 집중하는 브랜딩 전략의 힘을 보여준다. 특히 라거 맥주처럼 브랜드 간 차별화가 어려운 제품 카테고리에서 더욱 효과적이다. 또한 브랜딩 역량이 기업가치를 얼마나 좌우하는지 잘 보여주는 대표적 사례이기도 하다. 투자를 할 때 기업의 브랜딩 역량을 반드시 고려해야 하는 이유다. 역으로 뛰어난 제품에 비해 브랜딩 역량이 떨어지는 기업에도 관심을 가지는 것이 좋다. 브랜딩 전략만 개선되면 기업가치가 급격하게 높아질 가능성이 있으니 말이다.

그 좋은 예가 다름 아닌 칼스버그다. 앞서 브랜딩 전략의 약점을 지적하긴 했지만 흥미롭게도 칼스버그의 주가는 그리 나쁘지 않다. 아니,

---

● 하이네켄 다크 등의 제품을 통해 다각화 시도를 한 적이 있긴 하다.

실은 지금도 꾸준히 상승하고 있다. 하이네켄에 밀린 선진국 시장 대신 신흥국 시장을 집중적으로 공략해 뛰어난 로컬 브랜드를 많이 보유한 덕분이다.

신흥국 시장에서 벌이는 두 기업의 경쟁은 유통에서도 이어지고 있다. 칼스버그와 하이네켄 모두 말레이시아에 지사를 설립하고, 자사 맥주뿐 아니라 타사 맥주의 동남아시아 유통까지 담당하고 있다. 칼스버그 말레이시아(Carlsberg Brewery Malaysia Berhad, 칼스버그 지분율 51%)는 칼스버그 외에도 1664블랑, 써머스비, 아사히 등을 동남아시아 시장에 유통하고 있으며, 하이네켄 말레이시아(Heineken Malaysia Berhad, 하이네켄 지분율 51%)는 하이네켄, 기네스, 타이거, 기린 등의 동남아시아 유통권을 보유하고 있다. 모두 브랜드 가치가 높은 맥주 브랜드들인 데다, 향후 동남아시아의 경제성장세 및 젊은 소비층을 고려한다면 두 기업 모두 앞으로 더 성장할 여지가 있다.

Heineken N.V.
AMS: HEIA

80.82 EUR

하이네켄 네덜란드 증시 차트

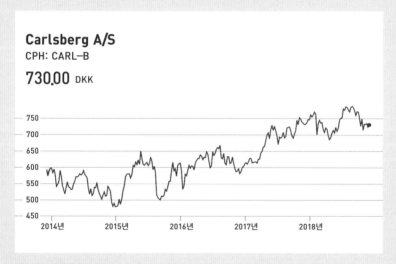

Carlsberg A/S
CPH: CARL–B

730.00 DKK

칼스버그 덴마크 증시 차트

유럽 라거 맥주계의 양대산맥인 하이네켄과 칼스버그. 두 기업은 모두 정말 맛있는 라거 맥주를 생산하는 것으로 유명하다. 그렇기에 두 기업의 주가는 모두 상승세. 하지만 두 기업의 시가총액 차이는 제법 크다. 브랜딩 역량이 곧 기업의 가치임을 보여주는 대표적인 사례가 아닐까?

하이네켄 말레이시아 증시 차트

칼스버그 말레이시아 증시 차트

하이네켄 / 칼스버그 말레이시아는 좋은 브랜드를 만드는 것 못지않게 좋은 브랜드에 대한 유통권 확보가 중요하다는 사실을 보여준다. 유럽 본사뿐 아니라 본사의 브랜드를 동남아에서 유통하는 두 자회사의 주가 역시 상승하고 있다.

유니레버

: 글로벌 브랜드에
스타트업 DNA를 이식하는 법

글로벌 식품 및 소비재 기업인 유니레버의 제품은 유럽의 어느 나라 어느 마트에서나 쉽게 접할 수 있다. 우리에게도 친숙한 도브 비누Dove, 립톤 티Lipton, 벤앤제리 아이스크림Ben & Jerry은 유니레버가 보유한 수백여 개의 브랜드 중 일부다. 유니레버는 1930년 네덜란드의 마가린 생산업체인 유니Unie와 영국의 비누회사 레버 브라더스Lever Brothers의 합병으로 탄생했는데, 이 덕분에 유니레버는 런던, 암스테르담 증시 그리고 뉴욕 증시에까지 상장되어 있다.

나는 특별히 선호하는 브랜드가 없는 카테고리의 제품을 구매할 때에는 그냥 유니레버 제품을 산다. 기본적으로 신뢰할 수 있는 기업이

로테르담에 위치한 유니레버 네덜란드 본사 건물(위)과 유니레버 소유이자 매해 수익의 일정 부분을 CSR에 사용하는 착한 아이스크림 브랜드 벤앤제리

라고 생각하기 때문이다. 나는 유니레버의 꾸준하고 진정성 있는 지속가능 경영방침을 신뢰한다. 기업의 이익과 함께 환경을 비롯한 사회적 이익까지 고려해야 하는 지속가능 경영은 기업 입장에서는 대개 추가 비용을 의미한다. 추가 비용을 감수하고 지속가능 경영을 추구하는 기업이라면 최소한 작은 이득을 위해 소비자를 기만하는 행위는 하지 않으리라는 것이 내 추론이다. 적어도 내게는 유니레버의 지속가능 경영이 지속가능한 브랜딩으로 이어진 것이다.

그런데 유니레버의 지속가능한 브랜딩은 다른 식품 및 소비재 기업들과 차별화되는 부분이 있다. 바로 CVCcorporate venture capital 조직을 적극적으로 활용한다는 점이다.

CVC, 즉 사내 벤처캐피털은 스타트업에 전문적으로 투자하는 대기업 내부조직을 가리킨다. 기업이 왜 CVC라는 별도 조직까지 만들어서 스타트업에 투자할까? 우선 스타트업 투자를 통해 경제적 수익을 내겠다는 재무적 목표financial objective가 있을 것이다. 이와 더불어 전략적 목표strategic objective도 있는데, 스타트업 투자를 통해 시장 트렌드를 신속히 파악하고 향후 경쟁자가 될 만한 기업을 사전에 제거하려는 것이다. 나아가 유망한 스타트업에 투자함으로써 차후 인수합병에서 유리한 위치를 선점할 수도 있다. 아울러 기존의 회사 조직에 긴장감을 높이는 등 경영상의 다양한 전략을 달성하는 데 CVC가 제 역할을 할 수 있다.

물론 스타트업을 잘 알지 못하는 대기업이 직접 CVC를 운영하는 방식이 외부 벤처캐피털을 통해 스타트업에 간접적으로 투자하는 방식보다 효과적인지는 업계나 학계에서도 의견이 분분하다. 스타트업에 투자해 수익을 내는 것이 그만큼 어렵기 때문이다. 실제로 2000년대 초반의 인터넷 붐, 그리고 최근의 모바일 붐이 일자 CVC를 운영하는 대기업이 급격하게 증가했다가 거품이 꺼지면서 조직을 폐쇄하는 현상이 반복해 나타났다. 또한 CVC를 운영한다 해서 스타트업의 경영권을 완전히 인수하는 것이 아니기 때문에 전략상의 이익을 취하기 쉽지 않다는 의견도 만만치 않다.

이런 흐름에도 개의치 않고 CVC를 운영하는 기업들은 대개 구글, 인텔 등 글로벌 IT 기업들이다. 잘 알다시피 IT 산업은 변화가 빠르고 새로운 스타트업도 계속 등장하므로 CVC가 활발히 활동할 여건이 된다. 반면 소비재나 식품 등 전통산업은 상대적으로 변화도 느리고 스타트업도 적으므로 CVC를 운영하는 기업도 많지 않다.

그런데 2002년 설립된 유니레버 벤처스Unilever Ventures는 소비재 기업의 CVC로서는 드물게 장기간 운영되고 있다. 이 조직은 유니레버의 지속가능 경영에 구체적으로 어떤 역할을 담당하고 있는 것일까?

가장 중요한 역할은 '변화의 시발점'이 되는 것이다. 유니레버 벤처스의 투자 포트폴리오를 보면 주로 환경, 헬스케어 등 지속가능한 라이프스타일 영역에서 가치를 만들어가는 스타트업들로 채워져 있다. 이는 유니레버가 재무적 목적 외에도 지속가능 경영을 추구하는 전략적 목적 아래 CVC를 운영하고 있음을 의미한다.

유니레버는 CVC를 통해 다양한 스타트업과 협업하고, 그 과정에서 구성원들 역시 이들 사업영역에 관한 경험을 축적하게 된다. 친환경 유아용품 브랜드(Seventh Generation, 2016), 유기농 허브 티 브랜드(Pukka Herbs, 2017), 내추럴 바디용품 브랜드(Schmidt's, 2017), 내추럴 소비재 브랜드(Quala, 2017), 브라질 유기농 식품 브랜드(Mãe Terra, 2017) 등을 인수합병하는 데에는 CVC를 통해 축적한 경험이 큰 도움이 되었을 것이다. 유니레버 벤처스가 회사 내에서 차지하는 비중은 작지만 유니레버라는 거대한 글로벌 기업의 변화를 추동하고 있는 것이다.

그렇다면 왜 유니레버는 전체 조직을 바꾸는 대신 CVC라는 작은 조직을 통해 변화를 꾀하는 것일까? 그 이유는 '리스크 관리'에 있다고 생각한다. 유니레버의 연간보고서를 읽다 보면 이 회사가 리스크 관리를 얼마나 중시하는지 느낌이 온다. 보고서의 상당 분량을 리스크 관리에 할애하는 점이 인상적이었는데, 소비자의 실생활과 밀착된 물품을 생산하는 만큼 한 번의 실수가 막대한 브랜드 가치 손상으로 이어지기 때문일 것이다.

게다가 유니레버가 뿌리를 둔 영국과 네덜란드는 합자회사 및 주식

회사(동인도 회사)가 생겨나고 이에 따라 보험업(로이드, ING 등)도 가장 먼저 발달한 국가들이다. 그런 만큼 리스크 관리에 철저한 문화가 존재할 수 있겠다는 생각도 들었다. 거대한 기업이 갑작스럽게 새로운 경영 시스템을 도입했다가 실패할 경우 발생할 수 있는 비용적 리스크와, 변화에 손 놓고 있다가 산업 트렌드에 뒤처질 수 있는 리스크를 유니레버 벤처스라는 조직을 통해 동시에 관리하는 셈이다.

결과적으로 유니레버 벤처스 운영은 유니레버가 지속가능한 브랜드로 진화하는 데 일조하고 있으며, 이렇게 확립된 브랜드 정체성은 유니레버의 기업가치를 높이는 중요한 무형자산이 되었다고 생각한다.

이는 유니레버에 대한 다른 기업들의 인수합병 시도가 이어지고 있는 데에서도 확인할 수 있다. 대표적으로는 2017년 워런 버핏의 버크셔 해서웨이Berkshire Hathaway가 소유한 크래프트 하인즈Kraft Heins가 유니레버를 적대적 인수합병하려는 시도가 있었다. 이는 유니레버 경영진의 강력한 반대로 무산되었는데, 만약 크래프트 하인즈 같은 동종업계 기업에 인수된다면 강력한 구조조정 및 비용감축을 피할 수 없을 것이며, 그 과정에서 유니레버가 추구하는 지속가능한 경영철학 역시 훼손될 가능성이 높다. 하지만 현재 식품 및 소비재 산업의 트렌드가 기업들의 합병을 통해 규모의 경제를 꾀하고 비용 감축을 추진하는 것인 만큼, 주도적인 대주주가 없고 식품 업계 5위라는 애매한 규모의 유니레버가 다른 기업에 피인수될 가능성은 상당히 높아 보인다.

다만 개인적인 생각으로는 동종업계보다는 알리바바나 징동 같은 중국 온라인 유통 플랫폼 기업과의 조합이 훨씬 좋지 않을까 싶다. 이 업체들은 소비재나 식품사업을 보유하고 있지 않으므로 인원 감축 등 구조조정이 최소화될 것이며, 인수 기업 입장에서는 질 좋은 PB 상품 제조처를 확보하고 유니레버는 거대한 거래처를 확보한다는 측면에서 시너지 효과를 기대할 수 있다. 무엇보다 중국 기업들은 지속가능성 측면에서 낮은 평가를 받는데 유니레버를 인수함으로써 기업 브랜드 가치를 높일 수 있지 않을까? 이 논리대로라면 유니레버의 지속가능한 브랜딩 전략이 유니레버를 매력적인 인수합병 대상으로 만드는 데에도 기여하는 셈이다.

CVC를 기업 진화의 토대로 삼는 기업은 한국에도 있다. 국내 대기업 가운데 CVC를 가장 효과적으로 운영하고 있는 기업은 GS홈쇼핑이다.

온라인 그리고 모바일 커머스의 점유율이 높아지면서 상대적으로 홈쇼핑 산업의 성장세가 둔화되고 있으며, 그에 대한 위기의식으로 국내 홈쇼핑 업체들은 중국 및 동남아시아 등 신흥시장에 진출하거나 다른 영역으로 사업을 확장하는 등 대안을 모색하고 있다. 그런데 GS홈쇼핑은 유니레버처럼 CVC 운영에서 해법을 찾고 있다. GS홈쇼핑은 2011년부터 CVC를 통한 직접투자, 한국의 스톤브릿지, 중국의 시노베이션 벤처스Sinovation Ventures, 미국의 앤드리슨 호로비츠Andressen Horowitz 등의 벤처캐피털을 통한 간접투자를 병행하며 국내외 400여 개의 스타트업에 약 2700억 원을 투자해오고 있다.* 투자 영역 또한 GS홈쇼핑의 사업 영역에 해당되는 커머스뿐 아니라 콘텐츠, 소셜미디어, 마케팅, O2O 등 다양하다. 이러한 시도는 업계에서 긍정적인 평가를 받고 있으며, GS홈쇼핑을 젊은 브랜드로 인식시키는 효과로도 이어졌다.

물론 GS홈쇼핑이 스타트업에 투자하는 것은 DNA 이식을 위해서만은 아니다. 당연히 투자 성과도 기대할 텐데, 스타트업 투자가 재무적 성과를 거두는 데까지는 오랜 시간이 소요된다. GS홈쇼핑의 CVC가 투자하는 스타트업들의 미래가치를 판단해보면 GS홈쇼핑의 전략 방향과 미래 또한 가늠해볼 수 있을 것이다.

한 가지 분명한 것은 대기업의 브랜드 매니저와 스타트업 브랜드 매니저의 브랜딩 접근법은 달라야 한다는 점이다. 대기업에는 이미 강력한 브랜드 자산이 있다. 다르게 표현하자면 잃을 게 많다. 그렇기에 대기업 브랜드 매니저에게는 기존 브랜드를 개선해가는 과정에서 리스

* "[스타트업포럼2018] 'CVC 목적은 내부에 없는 외부 역량 확보'", 시사저널e, 2018.3.28.

크 관리를 철저히 하는 스킬이 요구된다. 반면 스타트업은 백지에서 브랜드 정체성을 그려나가야 한다. 다르게 표현하자면 잃을 게 없는 조직. 그렇다면 스타트업 브랜드 매니저에게 가장 요구되는 스킬은 도전정신이 아닐까?

브랜드 실무자라면 자신이 속한 조직의 규모 혹은 특성에 따라 필요한 스킬을 보완할 필요가 있다. 또는 마케터로서 자신의 강점을 인지하고 자신의 스킬을 가장 잘 활용할 수 있는 조직을 찾아가는 센스 역시 필요하다고 생각한다.

Unilever NV ADR
NYSE: UN
55.51 USD

유니레버 뉴욕 증시 차트
지속가능한 브랜딩 전략을 앞세워 수십년간 성장해온 유니레버. CVC 운영은 유니레버의 지속가능한
브랜딩 전략의 근간을 이룬다.

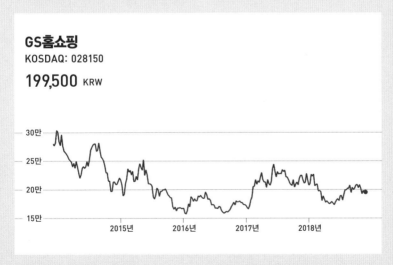

GS홈쇼핑
KOSDAQ: 028150
199,500 KRW

GS홈쇼핑 코스닥 차트
국내 대기업 가운데 CVC를 기업 경영에 가장 효과적으로 활용하는 것으로 알려진 GS홈쇼핑. 물론
GS홈쇼핑의 CVC가 GS홈쇼핑 주가에 미치는 영향은 아직 미미하다. 스타트업 투자의 성과가 나타나
는 데까지는 오랜 시간이 소요되기 때문. 투자가에게는 인내심도 필요하다.

페르노리카
: 지방 주류 브랜드의 생존법

       유럽 마트 순례를 할 때 주류 코너를 빼놓으면 섭섭하다. 마트에 갈 때마다 와인, 맥주, 증류주 등 현지에서 생산되는 술을 맛보는 것은 지역마다 다양한 술이 생산되는 유럽에서 만끽할 수 있는 특별한 즐거움이다.

  이곳에서는 지방의 작은 술 브랜드라고 해서 무시해서는 안 된다. 작은 주류업체로 시작해 글로벌 기업으로 성장한 경우가 종종 있기 때문이다. 프랑스의 페르노리카Pernod Ricard가 바로 그런 기업이다. 페르노리카는 영국의 디아지오와 증류주 세계 1위 자리를 놓고 늘 경쟁하던 기업으로,* 모기업인 페르노리카 자체는 한국에서 인지도가 낮지만, 발렌타인, 로얄살루트, 시바스리갈, 앱솔루트 보드카 등 이름만 대면 알 만한 브랜드를 다수 보유하고 있다. 지방 주류회사에 불과했던 페르노리카는 어떤 과정을 거쳐 글로벌 기업으로 성장할 수 있었을까?

프랑스 남부 마르세유에서 시작된 페리노리카의 성장배경을 이해하기 위해서는 오랜 기간 유럽 및 미국에서 큰 인기를 끌었던 압생트 absinthe라는 술을 알아야 한다. 압생트는 아니스라는 허브와 야생쑥을 주 원료로 하는 45도 이상의 증류주로, 18세기 후반 스위스에서 제조된 이래 20세기 초까지 유럽과 미국에서 큰 인기를 끌었다. 특히 헤밍웨이, 고흐, 피카소 등 당대의 문학인과 예술가들이 활동했던 파리 사교계에서 사랑받아 '예술가의 술'이라 알려지기도 했다.

압생트의 인기 비결은 크게 두 가지다. 우선 주 원료인 아니스에서 비롯된 독특한 향미인데, 중국 요리에 많이 사용되는 팔각과 향이 유사하다. 또 다른 주 원료인 야생쑥 역시 인기의 원인이다. 야생쑥은 과다 복용 시 환각증세를 유발하는 것으로 알려져 있는데, 당시 사교계에서 폭발적인 인기를 끌었던 이유도 이 때문이었다. 말하자면 오늘날의 마리화나 같은 역할을 했던 것이다. 일설에 의하면 고흐가 자신의

• 중국의 귀주 마오타이가 세계 최대 증류주 업체로 성장함에 따라 마오타이도 1위 경쟁 대열에 합류했다.

벨기에 겐트에서 마주친 리카의 파라솔(위). 특유의 노란색이 눈에 띈다. 아래는 주류업체 페르노리카의 대표 브랜드 리카 파스티스

3부 직접 맛보고 즐기며 익히는 브랜딩 전략

귀를 자른 것도 압생트에 의한 환각증세 때문이라고 한다. 이러한 부작용 때문에 20세기 초 유럽 및 미국 정부는 압생트의 생산과 판매를 금지시켰다.

압생트에 대한 규제가 시작되자 폴 리카Paul Ricard는 압생트를 모방한 파스티스(Pastise, 파스티스의 어원인 'pastiche' 자체가 모방하다란 의미를 지니고 있다)란 술을 양조하고 자신의 이름을 따 '리카'라 이름 붙였다. 파스티스는 압생트와 마찬가지로 아니스가 주원료인 40도 이상의 증류주지만 야생쑥이 함유되지 않았기에 규제로부터 자유로웠다. 마르세유를 본거지로 한 리카는 파스티스의 인기와 함께 빠르게 성장했으며 1975년에는 최대 경쟁자였던 페르노Pernod를 합병해 페르노리카로 사명을 교체했다.

페르노리카는 성장 과정에서 지역사회에 큰 기여를 했다. 리카의 판매가 늘면서 마르세유 일대의 주요 농작물인 아니스의 수요도 따라서 증가했다. 더욱이 아니스를 술로 가공해 판매함에 따라 아니스의 부가가치가 커지고 유통기한도 길어지는 효과가 발생했다. 기업이 커지면서 고용창출 효과도 커졌음은 물론, 마르세유가 새겨진 리카의 라벨은 그 자체로 마르세유에 대한 도시 브랜딩 효과로 이어졌다.

이처럼 마르세유와 함께 성장하던 페르노리카는 어느 순간 지역 주류업체의 범주를 넘어섰다. 페르노리카가 글로벌 기업으로 성장할 수 있었던 결정적 요인은 리카와 페르노 간의 합병이었다. 이 합병을 통해 페르노리카는 파스티스 시장에서 독점적 지위를 확보했다. 경쟁이 사라지고 이익률은 높아졌다. 확보한 자금은 다른 주류 브랜드를 인수하는 데 사용되었다.

주류 산업에서 다양한 제품 포트폴리오를 구축하는 것은 매우 중요하다. 술이 유행과 계절을 타는 제품이기 때문이다. 파스티스만 하더라도 현재는 와인과 맥주에 밀려 과거처럼 대중적으로 소비되지 않을뿐더러 그나마 여름 한 철 판매되고 마는데, 다양한 제품 포트폴리오를 갖추면 전체 매출을 안정적으로 유지할 수 있다. 아울러 규모가 커지면 제품당 물류, 보관, 포장비용도 낮아진다.

우리는 일반적으로 독과점을 부정적으로 바라보지만 경영 관점에서, 특히 규모가 작은 산업을 육성하고 보호한다는 점에서는 효과적인 방편이 되기도 한다. 파스티스와 반대되는 사례로 이탈리아 남부 토속주인 리몬첼로(limoncello, 레몬으로 만든 리큐어)가 있다. 리몬첼로의 경우 규모의 경제를 이룬 기업이 없어서 인기 있는 리몬첼로 브랜드들은 디아지오Diageo와 같은 글로벌 주류기업들에 피인수되었다. 어쩌면 지방 주류기업들에게 인수합병은 성장이 아닌 생존의 문제인지도 모른다.

인수합병으로 규모의 경제를 달성한 것과 함께 페르노리카의 럭셔리 브랜딩 전략도 주효했다. 페르노리카의 연간보고서 및 광고를 보면 자사 브랜드들을 럭셔리 브랜드로 포지셔닝하고자 하는 경영진의 의도를 어렵지 않게 확인할 수 있다. 브랜드(역사, 스토리), 디자인(용기, 라벨, 로고), 원산지 효과country-of-origin 등의 자산을 적극 활용해 럭셔리 브랜드로 소비자에게 인식시키고, 이를 바탕으로 경쟁 브랜드들과 차별화하는 전략이다.

일단 럭셔리 브랜드로 포지셔닝할 경우 가격을 높일 여지가 생겨 판매량에 지나치게 집착하지 않아도 된다. 아니, 희소성을 유지하기 위해 판매량을 제한할 수도 있다. 생산량이 적고 유통망이 제한적인 지방 주류 브랜드로서는 더욱 솔깃한 전략이다.

이런 이유로 나는 주류기업의 가치를 판단할 때 해당 기업의 인수 합병 역량 및 럭셔리 브랜드 포트폴리오를 반드시 고려해야 한다고 생각한다. 페르노리카가 성장한 전략 또한 정확히 이것이었다. 그런데 이런 관점에서 볼 때 페르노리카보다 더 주목해야 할 주류기업이 있다. 바로 페르노리카와 증류주 시장을 양분하고 있는 디아지오다. 이 기업 역시 1997년 아일랜드 흑맥주 제조업체인 기네스와 영국의 식품 대기업인 그랜드 메트로폴리탄 간의 합병으로 탄생했고, 럭셔리 브랜딩 전략을 통해 현재의 자리에 올랐다.

내가 디아지오에 주목하는 이유는 이 기업이 모엣샹동의 지분 34%를 보유하고 있기 때문이다. 모엣샹동은 세계 최대 명품 그룹인 LVMH

와 디아지오의 전신인 기네스 간의 조인트벤처로 탄생한 럭셔리 와인, 샴페인, 꼬냑 기업으로 돔페리뇽Dom Pérignon, 크루그Krug, 샤토 슈발 블랑Château Cheval Blanc, 헤네시 등 수십여 개의 명품 주류 브랜드를 보유하고 있다. 모엣샹동의 나머지 66% 지분과 경영권은 LVMH가 소유하고 있는데, 불경기에도 안정적으로 현금을 창출하는 LVMH의 알짜 사업부다.

그런데 최근 LVMH가 자신의 지분을 디아지오에 매각할 것이라는 뉴스가 계속 나오고 있다. LVMH가 성장이 둔화하고 있는 패션 사업부와 새로운 성장동력인 신유통 사업에 투자할 자본을 확보하기 위해서라고 알려져 있다. 실제로 매각이 성사된다면 당장 디아지오의 매출 및 이익 규모가 커질뿐더러, 디아지오가 약한 샴페인, 와인, 꼬냑 포트폴리오를 강화함으로써 세계에서 가장 럭셔리한 주류업체 반열에 올라설 수 있다. 앞에서 언급했듯이 다양한 포트폴리오와 럭셔리 브랜딩은 주류 산업에서 가장 중요한 경쟁력이며, 모엣샹동 경영권 인수는 디아지오가 두 가지를 한 번에 강화할 수 있는 절호의 기회다.

한편 제품 포트폴리오 측면에서는 미국의 콘스텔레이션 브랜즈 Constellation Brands야말로 가장 이상적인 기업이 아닐까 싶다. 콘스텔레이션 브랜즈는 1945년 미국 동부의 작은 와이너리로 시작해 지금은 럭셔리 와이너리 로버트 몬다비Robert Mondavi를 비롯한 다수의 와인 및 증류주 브랜드를 보유하고 있다. 또한 코로나를 위시해 멕시코 모델로 그룹(Groupo Modelo, 멕시코 최대 맥주기업으로, 세계 최대 맥주기업인 AB인베브에 인수됨)의 맥주들에 대한 미국 판매권을 확보한 미국 3위 맥주기업이자 세계 2위 와인기업이다.

콘스텔레이션 브랜즈의 가장 큰 장점은 맥주(57.7%), 와인(37.4%), 증류주(4.9%)로 구성된 균형 잡힌 매출구조다. 그뿐 아니라 최근 미국의 여러 주에서 마리화나가 합법화되는 흐름을 놓치지 않고 캐나다의 마리화나 스타트업인 캐노피 그로스Canopy Growth에도 지분 38% 규모의 투자를 단행하는 등 포트폴리오 다각화를 게을리하지 않고 있다. 참고로 캐노피 그로스는 마리화나 관련 기업으로는 최초로 북미에서 상장에 성공했다.

안정적인 포트폴리오 외에 미국에서 저칼로리 맥주가 인기를 끌면서 코로나 라이트Corona Light와 코로나 프리미어Corona Premier의 매출 증대를 기대해볼 수 있고, 세계적으로 와인 소비가 증가하면서 이들이 보유한 와이너리 가치 또한 상승하고 있다는 점도 콘스텔레이션 브랜즈를 든든하게 뒷받침하고 있다.

이처럼 브랜드 인수합병이 기업에 미치는 영향력은 크다. 마케터라면 항상 자신의 기업이 속한 산업 내에서 발생하는 브랜드, 특히 가치가 높은 럭셔리 브랜드 인수합병 건들을 지속적으로 파악해야 한다.

경쟁사의 브랜드 인수가 자신이 담당하는 브랜드에 미칠 영향을 예측해야 하기 때문이다.

또한 자신이 속한 기업이 인수하는 브랜드에도 당연히 관심을 가져야 한다. 새로운 브랜드가 추가되면서 기존 브랜드와 시너지 효과가 발생하기도 하지만 반대로 기존 브랜드에 대한 잠식효과cannibalization가 생길 수도 있다. 이런 점에서도 투자에 대한 지식과 투자감각을 갖추는 것은 마케터의 경쟁력으로 이어진다.

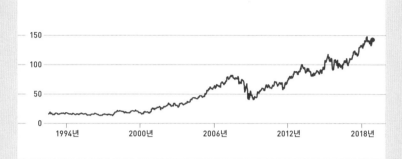

Pernod Ricard SA
EPA: RI
141.20 EUR

페르노리카 프랑스 증시 차트

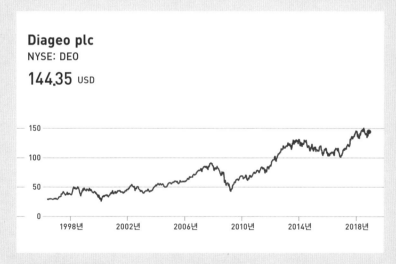

Diageo plc
NYSE: DEO
144.35 USD

디아지오 뉴욕 증시 차트

페르노리카와 디아지오처럼 글로벌 기업으로 성장한 주류업체들은 지속적으로 인수합병을 단행했다는 공통점이 있다. 어쩌면 지방 주류업체들에게 인수합병은 성장이 아닌 생존을 위한 필수 선택이 아니었을까?

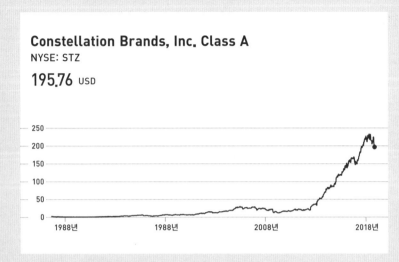

Constellation Brands, Inc. Class A
NYSE: STZ
195.76 USD

콘스텔레이션 브랜즈 뉴욕 증시 차트

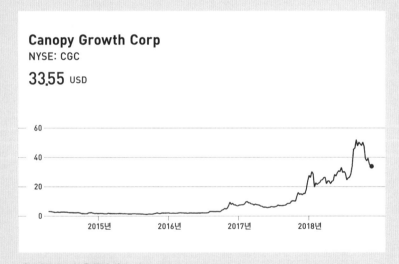

Canopy Growth Corp
NYSE: CGC
33.55 USD

캐노피 그로스 뉴욕 증시 차트

우연의 일치일 수도 있지만 투자를 한 콘스텔레이션 브랜즈와 투자를 받은 캐노피 그로스의 최근 주가 흐름은 유사하다. 관심 기업이 어떤 기업에 투자하는지 혹은 어떤 기업으로부터 투자받는지를 알면 더 많은 투자 기회가 보인다.

다논
: 브랜드 정체성도
구매할 수 있다면?

유럽의 어느 마트나 슈퍼마켓에 가든 반드시 있는 브랜드가 있다. 한국에는 요거트 생산업체로 알려진 다논이다. 다논은 시가총액 60조 원, 연매출 30조 원 규모의 기업으로, 글로벌 식품기업치고 아주 큰 편은 아니다. 그러나 유제품과 이유식 부문 세계 1위, 생수는 세계 2위, 건강식품은 유럽 내 1위 등 특정 카테고리에서 독보적인 경쟁력을 지니고 있다. 전체 매출 가운데 유제품이 49%를 차지하며, 프랑스 기업답게 에비앙Evian, 볼빅Volvic, 액티비아Activia 등 프리미엄 브랜드를 다수 보유하고 있다. 북미보다 유럽과 신흥시장에서 점유율이 높은 것도 특징이다.

다논은 프랑스 기업으로 알려졌지만 사실 유대인이었던 아이작 카라소Isac Carasso가 1919년 스페인 바르셀로나에서 시작한 작은 요거트 사업이 시초다. 10년 후 아이작은 프랑스로 옮겨 사업을 확장했는데, 2차 대전이 발발하고 독일군이 프랑스를 점령하자 뉴욕으로 도피해 요거트 사업을 재개했다. 그러다 종전 후 1951년 파리로 돌아와 다논을 재창업해 오늘에 이르렀다.

다논에 관해 잘 알려지지 않은 또 다른 사실은 다논 그룹의 모체가 식품용기를 제조하는 BSN이라는 것이다. 산업용 유리 제조업체였던 BSN은 다양한 식품용기를 전문적으로 만들기 시작해, 규모나 자금 면에서 거래처인 식품기업들보다 월등하게 성장했다. 이 자금력을 바탕으로 BSN은 자사의 주요 고객이었던 식품기업들을 하나둘 인수하기 시작했다. 1973년 다논(유제품)을 비롯해 생수를 제조하는 에비앙, 1664 맥주로 유명한 크로넨버그(이후 뉴캐슬 맥주에 매각), 제과업체인 제너럴 비스킷(이후 나비스코에 매각) 등을 인수하고 1994년에 보유 브랜드 가운데 글로벌 인지도가 가장 높았던 다논으로 그룹명을 변경했으며, 2003년에는 모체인 용기 사업을 완전히 매각하면서 순수한 식품기업으로 거듭났다.

다논은 해외진출 시 조인트벤처 전략을 효과적으로 활용하는 기업으로도 유명하다. 유제품은 쉽게 상하므로 현지에서 안정적으로 원유를 공급할 수 있는 파트너를 확보해야 하는데, 조인트벤처는 이에 효

3부 직접 맛보고 즐기며 익히는 브랜딩 전략

과적인 수단이다. 중국의 멍유유업, 한국의 풀무원 등이 다논의 현지 파트너다.

이와 더불어 빼놓을 수 없는 다논의 강점이 바로 지속가능한 브랜딩 역량이다. 다논은 소비자와의 접점이 많은 식품기업인 데다 부패하기 쉬운 유제품을 주력으로 판매하기 때문에 소비자의 신뢰를 얻는 것이 무엇보다 중요하다. 그래서 일찍이 CSR 등 사회공헌에 관심이 많았으며 특히 빈곤 퇴치, 여성의 경제적 자립, 건강한 먹거리 확립 이슈에 앞장서왔다. 이 활동들이 다논의 지속가능한 브랜드 정체성을 강화해, 최근에는 다논보다 규모가 큰 글로벌 식품기업들이 벤치마킹을 할 정도가 되었다.

〈하버드 비즈니스 리뷰〉*에 따르면 지속가능한 브랜드 정체성을 확립하는 방법에는 크게 3가지가 있다.

첫째, 강화accentuate로 기존 사업의 지속가능성 요소를 부각시키는 전략이다. 가령 베이킹 소다는 원래 빵을 만들 때 사용하는 식자재다. 그런데 암앤헤머 베이킹 소다를 생산하던 처치앤드와이트Church & Dwight는 베이킹 소다의 경쟁이 심해지자 자사 제품의 친환경성을 강조하는 전략을 구사했다. 친환경 세제로 포지셔닝함으로써 암앤헤머

---

* Unruh and Ettenson, "Growing Green", 2010.

의 지속가능한 브랜드 정체성을 강화한 것이다.

둘째, 구축architect은 철저한 기획 하에 지속가능한 브랜드 정체성을 초기부터 만들어가는 전략이다. 도요타의 하이브리드 자동차 프리우스는 구축 전략을 통해 탄생한 대표적인 지속가능한 브랜딩 사례다.

마지막으로 조달acquire은 지속가능한 정체성을 외부에서 확보하는 전략이다. 이 조달 방식을 잘 활용하는 기업이 바로 다논이다. 그들은 외부에서 무엇을 조달해 어떻게 활용했을까?

첫째, 경영권을 확보해 신시장을 개척했다.

다논은 미국 최대의 유기농 두유 및 우유 생산업체인 화이트웨이브Whitewave를 2016년 약 12조 원에 인수해 유기농 우유산업의 강자로 떠올랐다. 그동안 다논은 세계 최대 소비시장인 미국에서 유독 고전했는데, 화이트웨이브 인수를 통해 지속가능한 브랜드 정체성을 강화하는 동시에 미국 내 B2C 유통망을 확보한 것이다.

또한 다논은 같은 해에 프랑스의 건강식 프리미엄 과자 브랜드인 미셸에오거스틴Michel et Augustin에 지분투자를 해 최대주주로 올라서면서 경영권을 확보했고(지분율 40%), 경영권 확보 직후 미셸에오거스틴의 미국 스타벅스 납품 계약을 성사시켰다. 이 또한 화이트웨이브 인수와 같은 전략인 셈이다. 다논은 지속가능한 브랜드로 나아가기 위해 관련 브랜드를 인수하고, 해당 브랜드를 새로운 시장을 개척하는

콜라보레이션 역량이 뛰어난 에비앙. 디즈니는 에비앙의 오랜 파트너로 궁합이 잘 맞는다.

데 효과적으로 활용하고 있다.

둘째, 인수기업을 신흥시장 진출의 전략적 교두보로 활용했다.

잘 알려진 사실은 아니지만 다논*은 한국야쿠르트의 모기업인 일본 야쿠르트의 최대주주이기도 하다. 야쿠르트는 2차 세계대전 직후 허약해진 아이들의 영양실조 문제를 해결하기 위해 일본인 의사가 만든 유제품 브랜드로, 창업 스토리에서 짐작할 수 있듯이 신흥시장에

• 2018년 2월 다논은 약 2조 원 규모의 야쿠르트 지분 매각을 단행했다. 매각 이후 다논의 야쿠르트 지분율은 21.29%에서 6.61%로 감소했다.

최적화된 사회적 브랜드다. 실제로 일본, 한국 등 이미 경제적으로 성장한 시장에서는 매출이 감소하는 반면 브라질, 중국, 인도, 동남아시아 등의 신흥시장에서는 성장하고 있다.

다논은 야쿠르트의 강점을 자사의 신흥시장 진출에 활용하고 있다. 프리미엄 유제품을 생산하는 다논과 엔트리 유제품을 주로 생산하는 야쿠르트는 완벽한 보완재인 셈이다. 신흥시장에 야구르트가 먼저 진입하여 시장을 개척한 후, 유제품 소비 수준이 높아지면 다논이 야쿠르트의 유통망을 통해 들어가는 방식이다. 일례로 거대 신흥시장인 인도에서는 다논과 야구르트 간 1대 1 조인트벤처 형태로 진출했다.

셋째, 다논은 해외진출뿐 아니라 지속가능한 브랜딩에도 조인트벤처를 효과적으로 활용하고 있다.

2005년 다논은 노벨 평화상 수상자이자 최초의 마이크로크레딧(저소득층을 대상으로 소규모 사업자금을 무이자 무담보로 빌려주는 금융기관)인 그레민 뱅크의 창시자 무하마드 유누스를 파리로 초청해 그레민다논Grameen Danone이라는 조인트벤처를 설립했다. 그레민다논은 방글라데시 아이들의 영양실조를 막기 위한 유제품을 생산하는 사회적 기업으로, '손실 제로, 배당금 제로'라는 원칙 하에 필수 영양소가 골고루 함유된 요거트를 최저 비용으로 생산해 판매한다. 즉 다논은 조인트벤처를 통해 그레민 브랜드의 지속가능한 아이덴티티를 조달한 셈이다.

앞서 소개한 강화 및 구축 전략 역시 지속가능한 브랜드 정체성을 확립하는 좋은 방편이지만 외부 조달 방식보다 많은 시간이 걸린다. 물론 외부 조달 방식에도 어려움은 있다. 우선 비용이 많이 들고 실패할 확률도 높다. 하지만 다논은 브랜딩 측면에서 시너지 효과가 날 수 있고 신시장 개척에 활용할 수 있는 인수, 투자, 협력 대상을 선정하는 능력이 탁월해 성공률이 높다. 말하자면 조달 대상을 선정하는 능력이야말로 지속가능한 브랜딩을 강화하는 다논의 핵심역량인 것이다.

내가 다논의 브랜딩 전략을 매력적이라고 느끼는 이유는 또 있다. 외부에서 브랜드 정체성을 조달하는 과정에서 유럽 기업 특유의 창의성이 도드라지기 때문이다. 프랑스 기업인 다논이 일본 기업에 대한 지분투자를 단행하고 방글라데시에 사회적 기업을 조인트벤처 형태로 설립하는 것처럼 말이다.

여러 심리학 연구에서는 가용자원이 부족하거나 제약이 있을 때 창의력이 발현된다고 밝히고 있다. 내수시장이 작고 자본력이 부족한 유럽 기업들이 글로벌 시장에서 미국 기업들과 경쟁하기 위해서는 묘수라 할 만한 창의성을 발휘해야 했을 것이다. 내수시장이 작은 한국의 기업들도 이런 측면에서 유럽 기업들로부터 배울 부분이 많다고 생각한다. 미국 기업뿐 아니라 유럽 기업 및 브랜드에 관한 공부가 필요한 이유다.

남의 브랜드를 내 브랜드로 키운다

외부 조달로 기업의 정체성을 바꾸고 성장을 구가하는 기업이 다논 만은 아니다. 미국에서는 탄산음료의 부정적 면이 부각되면서 자연주의 음료 시장이 빠르게 성장하고 있다. 탄산수가 대표적인데, 투자자 관점에서 흥미로운 점이 있다. 미국의 탄산수 열풍을 주도한 기업이 당시 탄산음료 시장 1위가 아니라 5위 기업이었던 내셔널 비버리지National Beverage라는 것이다. 내셔널 비버리지의 주가는 최근 몇 년간 급등했는데, 이는 주력 제품군인 탄산음료 및 과실주스가 아닌 탄산수 브랜드 라크로이LaCroix의 폭발적인 성장 덕분이다. 라크로이는 현재 미국 탄산수 시장의 30%를 점유하고 있는 압도적 1위 제품으로, 2위인 페리에Perrier와 시장점유율에서 2배나 차이 난다.

주목할 부분은 라크로이는 내셔널 비버리지가 자체 개발한 것이 아니라 인수합병을 통해 외부에서 조달한 브랜드라는 점이다. 라크로이는 1981년 미국의 한 맥주 양조장에서 개발한 탄산수 브랜드로 1992년 내셔널 비버리지가 인수했다. 본격적으로 인기를 얻은 것은 2002년 리브랜딩을 단행한 이후다. 당시 탄산수 1위 브랜드였던 페리에와 무조건 반대의 컨셉을 구축하는 것이 라크로이의 브랜딩 전략이었는데, 이것이 주효해 시장 1위를 넘어 미국 탄산수 시장 자체를 크게 키우는 기폭제가 되었다.

프랑스에 온 후부터 탄산수를 입에 달고 사는 소비자로서 확신하는 사실은, 한번 탄산수에 익숙해진 사람들은 결코 탄산음료로 돌아가지 않는다는 것이다. 낮은 칼로리뿐 아니라 음식과의 조화 측면에서도 탄산수 쪽이 탄산음료보다 월등하다. 그러므로 나는 미국 내 탄산수 시장은 지속적으로 성장할 것이며, 시장 1위 브랜드인 라크로이를 보유한 내셔널 비버리지의 기업가치 역시 높아질 것이라 생각한다. 게다가 내셔널 비버리지의 시가총액은 5조 원에 불과하기에 비 탄산음료 카테고리를 강화하려는 코카콜라나 펩시코와 같은 글로벌 기업에 인수될 가능성도 충분하다. 이 역시 내셔널 비버리지가 매력적인 투자대상인 이유다.

마케터의 업무가 반드시 새로운 브랜드를 개발하고 육성하는 데에만 제한될 필요는 없을 것이다. 시장을 살펴보면서 인수 가치가 높은 브랜드, 협업했을 때 시너지 효과가 높은 브랜드를 탐색하는 것이 때로는 가장 효율적인 마케팅 업무방식이 아닐까? 한국의 CJ제일제당이 다수의 냉동식품 브랜드를 보유한 미국의 시완스 컴퍼니Schwan's Company를 약 2조 1000억 원에 인수하고 스타벅스 코리아가 몰스킨, 10꼬르소꼬모와 콜라보레이션해 플래너를 출시한 것처럼 말이다.

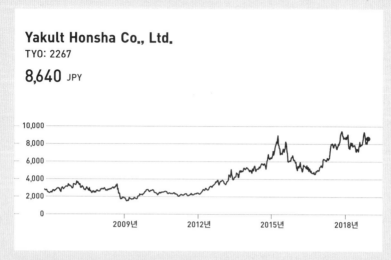

야쿠르트 일본 증시 차트

지난 10년간 주가가 큰 폭으로 상승한 야쿠르트. 다논은 야쿠르트에 대한 지분 투자를 신흥시장 개척 및 지속가능한 브랜딩에 활용했을 뿐 아니라 그 과정에서 적지 않은 투자 수익까지 올렸다. 프랑스 기업들은 정말 창의적이고 영리하다.

다논 프랑스 증시 차트

유제품, 이유식, 생수 카테고리의 세계 1위 기업이자 프리미엄 식품 브랜드를 다수 보유하고 있는 다논은 균형 잡힌 제품 포트폴리오 덕분에 투자 리스크가 낮은 기업이라 생각한다. 나쁘지 않은 배당률도 매력적.

National Beverage Corp.
NASDAQ: FIZZ

87.27 USD

내셔널 비버리지 나스닥 차트

탄산음료와 과실주스를 주력으로 하던 내셔널 비버리지는 외부에서 인수한 탄산수 브랜드 라크로이가 급격하게 성장하면서 기업의 정체성까지 변해버렸다. 물론 주가 상승과 함께 긍정적인 방향으로 말이다.

마리아주 프레르
: 앞서가는 브랜드 매니저는
문화를 읽는다

프랑스의 문화인류학자이자 마케팅 전문가 클로테르 라파이유Clotaire Rapaille가 쓴 책 가운데 《컬처 코드》가 있다. 컬처 코드란 '특정 문화에 속한 사람들이 일정한 대상에 부여하는 무의식적 의미'로, 사람들의 사고방식과 행동에 영향을 미친다고 한다. 글로벌 기업들이 동일한 제품 또는 서비스라 하더라도 문화권에 따라 차별화된 마케팅을 실시하고 다른 광고를 제작하는 이유가 여기에 있다. 소비자들의 구매 패턴 역시 그 사회 컬처 코드의 영향을 받기 때문이다.

때로는 한 사회에 다른 사회의 문화가 유입되면 새로운 컬처 코드가 형성된다. 일본 문화가 유럽에서 고급문화로 소비되기 시작하면서 하나의 컬처 코드로 자리 잡은 현상이 대표적인 예다. 새로운 컬처 코드가 생겨나면 기업들은 이를 마케팅에 활용한다. 가령 프랑스의 럭셔리 차 브랜드인 마리아주 프레르Mariage Frères에서는 매해 봄 벚꽃 한정판 차를 출시한다. 유기농 녹차 베이스에 벚꽃을 블렌딩한 제품으로, 차의 향 못지않게 벚꽃을 형상화한 용기와 포장 디자인으로 큰 인기를 얻고 있다.

벚꽃이 프랑스에서 효과적인 마케팅 수단이 될 수 있었던 데에는 봄에만 피는 한시성이 한정판에 적합하며, 무리 지어 피어난 꽃의 아름다움이 인스타그램 등 이미지 기반 소셜미디어에 잘 어울린다는 점도 한몫했을 것이다. 하지만 근원적인 요인은 프랑스의 재패니메이션 키즈가 주력 소비층으로 성장했기 때문이라고 생각한다. 재패니메이션 키즈란 어린 시절 일본 만화 또는 애니메이션을 보고 자란 이들을 지칭하는 용어로, 현재 북미와 유럽의 20~30대 중 상당수가 재패니메이션 키즈에 해당된다.

20여 년 전부터 유럽 공중파 방송국들이 일본 애니메이션을 방영하고 이후 일본 만화책이 유통되면서 유럽에 재패니메이션 키즈가 등장했다. 벚꽃은 〈바람의 검심〉 추억편을 비롯한 수많은 일본 만화와 애니메이션에 녹아 있는 일본 문화의 상징과 같은 만큼, 어린 시절 일본 만화를 보고 자란 이들은 실제로 본 적도 없는 이 꽃이 매우 친숙하다. 즉 일본 문화를 이해하는 재패니메이션 키즈가 있었기에 일본

마리아주프레르의 벚꽃 한정판 제품. 벚꽃을 형상화한 패키지 디자인이 프랑스에서 큰 인기를 얻은 바 있다.

문화가 하나의 컬처 코드로 유럽 사회에 자리 잡을 수 있었던 것이다.

새로운 컬처 코드의 등장은 투자기회로 이어지기도 한다. 이때 중요한 것은 현상 자체보다 왜 그러한 현상이 나타났는지에 초점을 맞춰야 한다는 점이다. 즉 일본 문화라는 컬처 코드의 등장보다 유럽 재패니메이션 키즈의 성장이라는 기저의 현상에 주목해야 한다. 재패니메이션 키즈는 비단 유럽에만 존재하는 것이 아니다. 세계적으로 재패니메이션 키즈가 증가하고 있는데, 이것이 비즈니스에 어떤 기회를 낳을까?

첫째, 게임 제작사로 인식되었던 일본 게임기업들이 지식재산권 역량을 지닌 IP기업으로 재조명되고 있다.

재패니메이션 키즈가 증가함에 따라 가장 큰 수혜를 입은 산업은 일본 게임산업이다. 그동안 일본 게임은 높은 품질에도 불구하고 미국 게임에 비해 저평가돼 주로 일본 만화 및 애니메이션에 익숙한 아시아 유저들 중심으로만 소비되었다. 또한 디즈니, 21세기폭스를 비롯한 미국 콘텐츠 기업들은 다양한 캐릭터를 보유하고 있는 IP기업으로 인식되는 반면, 일본 게임기업들은 단순한 게임 제작사로만 평가되곤 했다.

그런데 유럽과 북미에서 재패니메이션 키즈가 증가하면서 일본 게임기업들에 대한 재평가가 이뤄지고 있다. 대표적인 예가 닌텐도. 닌텐도는 2016년 구글의 자회사인 나이안틱Niantic과의 협업으로 포켓몬고라는 증강현실 기반의 모바일 게임을 출시해 세계적인 인기를 얻었다. 포켓몬고 열풍은 〈포켓몬스터〉를 보고 자란 이들이 전 세계에 있기 때문에 가능했다. 이를 계기로 닌텐도는 포켓몬스터, 슈퍼마리오, 젤다 등 다양한 IP를 보유한 IP기업으로 재평가받으며 기업가치가 크게 상승했다. 닌텐도뿐이 아니다. 일본 모바일 게임 제작사 그리Gree, 〈드래곤볼〉 게임 저작권을 보유하고 있는 반다이 남코Bandai Namco, 그 외에도 캡콤Capcom, 코에이Koei 등 일본의 대표적인 게임기업들의 주가는 지난 몇 년간 계속 상승하고 있다. 최근 세계 최대 게임기업인 중국의 텐센트가 일본의 스퀘어 에닉스Square Enix와 전략적 제휴를 발표하기도 했다.

둘째, 일본 소비재 기업의 원산지 효과가 높아지고 있다.

재패니메이션 키즈들은 일본에 대한 일종의 동경심을 갖곤 한다. 이는 일본 브랜드에 대한 원산지 효과로 이어진다. 이를 가장 잘 활용하는 일본 소비재 기업이 바로 유니클로다.

유니클로는 아시아를 넘어서 유럽과 북미에도 진출했는데, 서구권의 유니클로 가격은 아시아에 비해 높은 편이다. 이는 유니클로의 포지셔닝 전략이 달랐기 때문이다. 아시아 시장에서는 유니클로가 합리적인 가격의 중저가 패션 브랜드로 인식되지만, 유럽에서는 기술 기반 패션 브랜드로 알려져 있다. 유럽 및 북미 진출 초기 유니클로의 주력 상품은 일본 섬유기업인 토레이Torai와 공동개발한 히트텍이었다. 그에 걸맞게 마케팅 컨셉도 '유니클로, 일본에서 온 혁신적인 브랜드Uniqlo, The Innovative Brand from Japan'를 내세우며 기존의 패션 브랜드들과 차별화했다.

기술과 함께 유니클로가 앞세운 것이 바로 일본의 문화적 요소들이다. 유니클로는 일본 기업이라는 원산지 효과를 극대화하기 위해, 일본에서 방영된 유니클로 광고 및 일본 내 매장 인테리어를 유럽에서 그대로 사용했다. 그런가 하면 일본 출신의 세계적 테니스 선수인 니시코리 케이를 후원한다는 사실을 홍보하고, 루이비통과의 작업으로 유명한 무라카미 다카시 같은 일본 출신 팝아티스트와도 콜라보레이션을 진행한 바 있다. 그뿐 아니라 일본 애니메이션의 IP를 활용한

UT Uniqlo T-shirt라는 서브 브랜드를 선보이며 유럽 시장을 공략하고 있다. 〈캡틴 츠바사〉, 〈도라에몽〉, 〈원피스〉, 〈드래곤볼〉 등의 캐릭터를 활용한 UT 티셔츠는 유럽에서 큰 인기를 얻고 있는데, 암스테르담에 있는 하이네켄 뮤지엄을 방문했을 때 UT 드래곤볼 후드 티셔츠를 단체로 맞춰 입고 온 수십 명의 유럽 성인 남성들을 마주치기도 했다.

이처럼 유니클로는 일본 기업이라는 사실을 브랜딩 전략에 적극 활용해 유럽의 재패니메이션 키즈 소비자들에게 어필하고 있다. 이 전략이 유럽 시장에 안착하는 데 큰 도움이 되었음은 물론이다. 유럽을 비롯한 해외시장에서 선전하는 덕분에 유니클로의 모기업 패스트 리테일링Fast Retailing의 주가는 계속 상승 중이다.

셋째, 재패니메이션은 유럽 내 한류가 확산되는 데에도 영향을 미치고 있다.

서울대학교 언론정보학과 홍석경 교수는 프랑스 보르도 대학 교수로 재직하던 당시 프랑스 내 한류 인기의 뿌리가 일본 애니메이션이라는 연구 결과를 발표한 바 있다. 어린 시절 일본 만화와 애니메이션을 보면서 자란 세대는 일본뿐 아니라 아시아 대중문화 전반에 대한 수용도가 높은 소비자가 된다. 즉 일본 애니메이션이 세계화됨에 따라 그 결실을 한국 콘텐츠 기업들도 나눠 갖게 되었으며 방탄소년단, 블루홀 스튜디오의 테라 및 배틀그라운드와 같은 게임 등 한국 콘텐츠

일본 인기 만화 〈드래곤볼〉, 〈원피스〉 등과
콜라보레이션을 하는 유니클로UT 홍보물

무라카미 다카시 × 도라에몽

하이네켄 뮤지엄의 〈드래곤볼〉 덕후들. 무천도사 도복 문양이 그려진 후드티를 입고 있다.

　　　3부 직접 맛보고 즐기며 익히는 브랜딩 전략

가 유럽에서 인기를 얻는 데 간접적인 도움을 주었다는 것이다. 유럽의 소비자뿐 아니라 한국의 콘텐츠 제작자들도 상당수가 재패니메이션 키즈이기에 한국 콘텐츠에도 재패니메이션 키즈들이 공감할 수 있는 일본 대중문화의 요소가 녹아 있기 때문이다. 그러므로 경쟁력 있는 한류 콘텐츠라면 전 세계적으로 재패니메이션 키즈가 증가하는 흐름을 타고 해외시장에 좀 더 쉽게 진출할 수 있을 것이다. 퀄리티 높은 한류 콘텐츠 기업에 투자해두는 것 역시 좋은 투자 전략이 될 수 있다.

이처럼 재패니메이션 키즈의 성장이 일본 문화의 글로벌 확산으로 이어지고, 새로운 비즈니스 기회를 낳기 시작했다. 한국, 일본, 프랑스를 비롯한 여러 나라의 마케터들은 일본 문화라는 컬처 코드를 읽어내 마케팅 업무에 반영하고 있다.

컬처 코드를 읽어내는 것 이상으로 중요한 것은 해당 컬처 코드를 어떻게 마케팅 전략에 녹여낼 것인가다. 가령 닌텐도는 직접 모바일 게임을 제작해 해외진출을 하는 대신 구글의 나이안틱에 IP를 제공하는 전략을 취했다. 그 결과 포켓몬고는 전 세계에 출시돼 큰 성공을 거뒀다. 같은 서구권에서도 북미보다 유럽 시장을 우선 공략하는 유니클로의 전략 역시 지금까지는 성공적이다.

그렇다면 컬처 코드를 읽어내 마케팅에 효과적으로 반영하는 역량을 갖추려면 어떤 노력을 해야 할까? 나는 다문화주의multiculturalism를 갖출 것을 권한다. 경영학에서 말하는 다문화주의 인재는 두 가지 이상의 문화와 언어 구사에 익숙하다. 그렇기에 새로운 컬처 코드를 읽는 데 능숙할뿐더러 이를 서로 다른 사회의 소비자들에 맞춰 마케팅 전략에 반영하는 역량 또한 뛰어나다. 한국의 많은 대학생들이 외국어를 배우고 어학연수, 유학, 워킹홀리데이, 해외 근무, 여행 등을 통해 해외 경험을 늘려가고 있는데, 탁월한 마케터가 되기 위해서도 이러한 노력이 필요하다. 실제로 세계 최대 화장품 기업인 프랑스의 로레알L'oreal은 글로벌 전략을 수립할 때 다문화주의를 갖춘 인재를 효과적으로 활용하는 것으로 유명하다.[•]

와인이 뜨면 코르크 회사가 돈을 번다

코르치세이라 아모림Corticeira Amorim은 리스본을 여행하면서 알게 된 기업이다. 150여 년의 역사를 자랑하는 세계 1위 코르크 마개 제조업체로, 리스본 증시에 상장되어 있으며 모기업인 아모림 그룹이 75%의 지분을 보유하고 있다.

통상 코르크라고 하면 코르크나무의 속껍질을 의미한다. 9년에 한

[•] Hae-Jung Hong, Yves Doz, "L'Oréal Masters Multiculturalism", Harvard Business Review, 2013.

번씩 코르크나무의 껍질을 벗겨내고 이를 가공해 원료로 사용하는 데, 제지나 펄프, 가구 산업과 달리 나무 자체를 벌목하거나 손상시키지 않기 때문에 코르크 생산은 친환경적인 비즈니스로 평가받고 있다. 코르크나무는 남서 유럽, 북서 아프리카가 원산지인데, 전 세계 코르크나무의 30%는 포르투갈, 20%는 스페인에서 자생한다.

현재 전 세계 코르크의 70%, 천연 코르크의 90%가 포르투갈에서 생산되며, 코르치세이라 아모림은 압도적인 1위 기업으로 시장점유율이 40%에 육박한다. 지난 몇 년간 코르치세이라 아모림의 주가는 큰 폭으로 상승했는데, 세계적으로 와인 소비가 증가하고 와인 생산국과 생산량도 늘어나면서 코르크 마개에 대한 수요가 높아졌기 때문이다. 현재는 유럽, 북미, 남미, 호주뿐 아니라 아프리카, 일본, 중국, 심지어 한국에서도 와인이 생산되고 있다. 즉 와인이라는 컬처 코드의 수혜 기업인 셈이다. 어쩌면 와인기업보다 와인으로 돈을 더 많이 버는 회사가 이곳일지도 모른다. 코르치세이라 아모림의 마케팅 담당자라면 와인 문화의 확산 흐름을 늘 파악하고 있어야 할 것이다.

코르치세이라 아모림은 코르크 마개라는 확실한 캐시카우를 보유하고 있다는 점, 제조업체로서는 이례적으로 20%를 상회하는 영업이익률을 올린다는 점, 와인 소비가 지속적으로 증가한다는 점, 여기에 깔끔한 지배구조 등을 고려했을 때 투자가치가 높다고 생각한다. 나아가 무게가 가볍고 생산과정이 친환경적이라는 특성 덕에 와인병 마개를 넘어 벽재, 바닥재, 절연재, 합성소재 원료, 초고속 열차의 인테리어 자재 등 활용처가 늘어나고 있다는 점도 호재다.

3부 직접 맛보고 즐기며 익히는 브랜딩 전략

Nintendo Co., Ltd
TYO: 7974

34,710 JPY

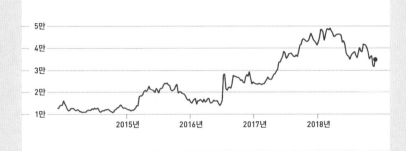

닌텐도 일본 증시 차트

Bandai Namco Holdings Inc
TYO: 7832

4,785 GBX

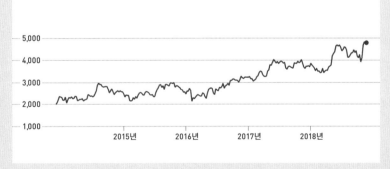

반다이 남코 일본 증시 차트

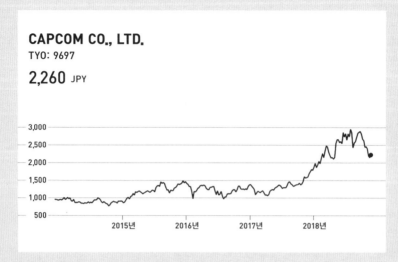

CAPCOM CO., LTD.
TYO: 9697

2,260 JPY

캡콤 일본 증시 차트

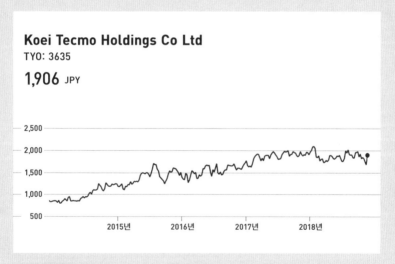

Koei Tecmo Holdings Co Ltd
TYO: 3635

1,906 JPY

코에이 일본 증시 차트

일본 애니메이션을 보고 자란 재패니메이션 키즈들은 일본 게임 역시 즐겨 한다. 세계적으로 재패니메이션 키즈가 증가할수록 일본 게임회사들의 주가가 상승하는 것도 무리가 아니다.

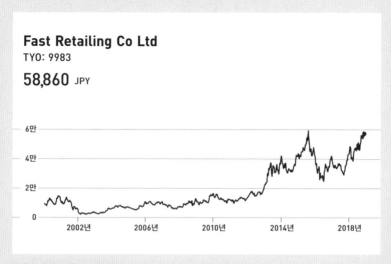

Fast Retailing Co Ltd
TYO: 9983

58,860 JPY

패스트 리테일링 일본 증시 차트

유니클로의 모기업 패스트 리테일링. 패스트 리테일링은 유럽, 북미 시장을 개척하는 과정에서 일본이라는 국가 브랜드와 일본이 보유한 다양한 문화 콘텐츠를 적극적으로 활용했다. 물론 그 중심은 일본 애니메이션이다.

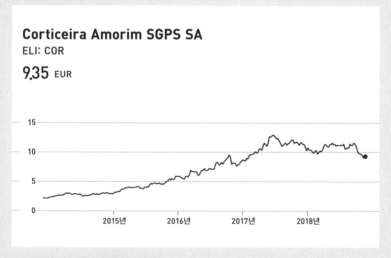

Corticeira Amorim SGPS SA
ELI: COR

9.35 EUR

코르치세이라 아모림 포르투갈 증시 차트

세계 1위 코르크 마개 제조업체인 코르치세이라 아모림의 마케팅 담당자라면 와인 문화의 확산 흐름을 늘 파악하고 있어야 한다. 코르치세이라 아모림의 새로운 고객은 아프리카, 일본, 중국 등 와인 문화가 새롭게 유입된 나라들에서 등장하기 때문이다.

브루독

: 혁신을 위해 대기업을
모방하는 스타트업 브랜드

한국에서도 몇 년 전부터 이른바 크래프트 맥주, 즉 수제맥주 산업이 성장하기 시작했다. 그 과정에서 더부스 브루잉, 어메이징 브루잉 컴퍼니처럼 투자를 받아 자체적으로 성장하는 기업은 물론 오비맥주의 모기업인 AB인베브 등 글로벌 맥주기업에 인수된 핸드앤몰트, 글로벌 크래프트 맥주기업인 브루클린 브루어리 Brooklyn Brewery의 투자 및 기술 지원을 받아 자매회사 형태로 운영되는 제주맥주 등 다양한 형태의 크래프트 맥주기업이 등장했다.

한국보다 크래프트 맥주 시장이 먼저 형성된 유럽에도 많은 크래프트 맥주기업이 있다. 그중 일부는 AB인베브, 하이네켄, 칼스버그 같은

Three floyds, Warpigs 등의 다른 크래프트 맥주 양조장과 공동으로 운영되는 미켈러펍. 코펜하겐의 여러 미켈러펍 중 최대 규모다.

미켈러의 보틀숍. 럭셔리 초콜릿 공방과 콜라보레이션 형태로 운영되는 것이 특징이다.

글로벌 맥주기업들이 위기감을 느낄 정도로 성장을 구가하고 있다. 이들은 혁신적인 방식으로 맥주 소비자들의 취향과 맥주산업 자체를 바꿔가는 중이다. 맥주는 본래 담배와 더불어 습관성 소비를 상징하는 터라 글로벌 맥주기업들은 맛과 디자인 변화에 보수적이고 신중하다. 한 브랜드 안에 다양한 종류를 출시하지도 않는다. 소비자들을 특정 맥주 맛에 길들일 수 있을뿐더러 대량생산에도 유리해 궁극적으로 제조, 유통 및 보관 비용을 줄일 수 있기 때문이다.

그런데 미켈러Mikkeller 같은 크래프트 맥주기업들은 이러한 공식을 무시한다. 덴마크 코펜하겐에서 만난 미켈러는 기존의 글로벌 맥주기업과 여러 모로 달랐다.

가장 먼저 눈에 띄는 특징은 자체 생산시설을 소유하지 않는다는 것이었다. 오죽하면 미켈러의 별명이 '집시 양조장'이다. 양조 컨설턴트 출신인 미켈러의 창업주들은 경력을 살려 다양한 양조장들과 협업해 맥주를 개발하고 그들의 시설에서 생산도 한다. 미켈러가 한국 소비자에게 본격적으로 알려진 것도 국내 1위 크래프트 맥주업체인 더부스와 협업해 '대동강 페일에일'을 출시하면서부터다.

생산시설을 소유하지 않는 사업모델이 가능했던 것은 미켈러의 뛰어난 개발 역량과 더불어 디자인을 비롯한 미켈러의 높은 브랜드 파워 덕분이다. 대규모 생산시설을 갖춰 생산단가를 최소화하는 글로벌

북유럽 디자인의 미켈러 맥주. 미켈러 맥주의 높은 브랜드 파워에는 개발 역량과 더불어 뛰어난 디자인도 한몫한다.

맥주기업들의 전략과 상반되는 점이다.

콜라보레이션을 활발히 하는 만큼 이들이 출시하는 맥주도 다채롭다. 대다수의 맥주 대기업들이 라거 맥주에 집중하는 것과 대조적으로 미켈러는 IPA, 스타우트, 사워 맥주 등 다양하고 실험적인 맥주를 줄기차게 출시하는 것으로 유명하다. 2006년 창업 후 10여 년 동안 내놓은 맥주가 무려 1000종류 이상이며, 그중 상당수는 한정판이다. 대동강 페일에일 또한 한국에서만 맛볼 수 있는 지역 한정판이다. 소품종 대량생산이라는 기존 관행을 깨고 철저히 다품종 소량생산을 지향하는 것이다.

다품종 소량생산 체제에서는 유통방식도 달라져야 한다. 적은 품목을 대량생산하는 맥주 대기업들은 주로 마트나 슈퍼마켓에서 판매된다. 반면 미켈러는 독자적으로 또는 다른 양조장과 공동으로 운영하는 미켈러 바와 보틀숍을 통해 유통한다. 미켈러가 시그너처 맥주를 만들어 공급하는 식당들도 일종의 유통채널이 된다.

현재 많은 크래프트 맥주 브랜드의 전략이 미켈러와 유사하다. 즉 소비자들에게 차별화된 가치를 제공함으로써 생존하고 성장해갔으며, 그 과정에서 맥주산업의 성공방정식을 바꾸었다.

그런데 여기 독특한 예외가 있다. 유럽을 대표하는 또 하나의 크래프트 맥주기업인 브루독Brewdog은 2007년 스코틀랜드에서 창업해 불과 10여 년 만에 기업가치 1조 원을 상회할 정도로 성장했다. 브루독의 전략은 여타 크래프트 맥주기업과 달리 기존 글로벌 맥주기업의 전략에서 장점을 취하는 것이다.

일단 이들은 대중적인 맥주 맛을 지향한다. 일반적으로 크래프트 맥주기업들은 대기업의 청량감 높은 라거와 차별화하기 위해 진하거나 쓴 맛이 두드러지는 맥주를 주력으로 생산한다. 도수 높고 쓴 맛이 강한 IPA* 같은 맥주가 크래프트 맥주를 상징하게 된 이유다. 그런데

----

* Indian Pale Ale의 약자. 19세기 영국에서 인도로 맥주를 수출하는 과정에서 변질을 막기 위해 홉을 많이 넣어 생산하기 시작한 것이 시초다.

브루독의 대표 맥주인 펑크IPA Punk IPA는 IPA임에도 도수가 5.6%로 낮은 편이며, 목 넘김이 부드럽고 청량감이 높다. IPA이지만 라거의 특성을 지닌 맥주인 것이다. 브루독은 기존 대기업들의 맥주와 전혀 다른 맛으로 차별화하는 대신 소비자들에게 익숙하고도 더 맛있는 맥주를 만드는 방식으로 혁신을 시도했다.

또한 앞서 글로벌 맥주기업들은 소품종 대량생산이 특징이라고 했는데, 브루독도 마찬가지다. 일전에 런던 캠든타운에 있는 브루독 바를 방문한 적이 있는데, 매우 인상적인 경험이었다. 내가 방문한 때는 오후 4시 경. 손님은 모두 남자였고 혼자 와서 맥주 한잔 시켜놓고 노트북으로 일하는 사람들도 많았다. 이들 앞에 놓인 맥주는 하나같이 펑크IPA였다. 여러 잔째 마시는 손님들도 종류를 바꾸지 않고 줄기차게 펑크IPA만 마셨다. 그렇다, 브루독 바는 남성들의 스타벅스 같은 공간이었다. 사람들이 매일 스타벅스에 들러 아메리카노와 라테를 마시듯이 브루독의 고객들도 그들이 익숙한 공간에서 익숙한 맥주를 습관적으로 마시는 것이다. 글로벌 맥주기업들이 추구하는 습관성 소비 전략과 다르지 않다. 실제로 브루독의 연간보고서(2017)에 따르면 펑크IPA가 브루독 전체 매출의 60%를 차지하며, 상위 3개 제품의 매출이 전체 매출의 80%를 차지할 정도로 소수 제품에 매출이 집중되는 구조다.•

• 브루독은 비상장 기업이지만 연간보고서를 온라인상에 공개한다.

소수 제품에 집중된 브루독의 매출구조가 대량생산 체제를 가능케한 만큼, 이들은 스코틀랜드와 미국에 독자적인 생산설비를 구축하고 대량생산한 제품을 유럽과 북미 지역의 주요 마트와 슈퍼마켓을 중심으로 유통시킨다. 역시 글로벌 맥주 대기업들의 방식을 그대로 차용한 것이다.

브루독은 글로벌 맥주기업들과 다르고자 노력하지 않는다. 그들의 전략을 빌려 그들보다 맛있는 맥주를 만드는 데에만 집중한다. 브루독의 방식은 미켈러처럼 화려하지 않다. 하지만 대기업들의 장점을 수용했기에 훨씬 효율적이다. 미켈러를 비롯한 다른 크래프트 맥주기업들보다 빠르게 성장하고 기업가치를 높일 수 있었던 원동력이 여기에 있다.

일반적으로 혁신을 떠올릴 때에는 미켈러처럼 기존의 공식을 거부하고 새로운 방식으로 산업을 와해시키는 것을 떠올린다. 과거 애플의 아이폰이 휴대폰 시장을 혁신했던 것처럼, 최근의 테슬라가 자동차 산업을 혁신하고 있는 것처럼 말이다. 그리고 사람들은 환호한다. 그만큼 어려운 일이기 때문이다. 그런데 한편에서는 브루독과 같이 기존의 성공공식을 따르며 천천히 산업을 혁신해가는 기업들도 있다. 이러한 혁신은 눈치 채기 어렵다. 화려하지 않기 때문이다. 이 말은 곧, 발견하기만 한다면 더없이 좋은 투자기회가 된다는 뜻이다. 더욱이 이러한 혁신은 리스크가 낮다는 장점까지 있으니, 투자가라면 브루독과 같이

런던 캠든타운의 브루독 바. 평일 오후의 브루독 바는 남성들만의 공간이었다.

혁신적이지 않은 방식으로 산업을 혁신하고 있는 기업들을 주목할 필요가 있다.

다만 스타트업이 대기업의 전략을 차용할 때에는 한 가지 유념할 부분이 있다. 대기업과 유사한 경영전략을 구사하면서도 동시에 그들과 차별화할 수 있는 브랜딩 전략이 병행되어야 한다는 점이다. 가령 브루독의 경우 5AM세인트5AM Saint*, 데드포니클럽Dead Pony Club** 같은 재치 있는 제품명과 용기 디자인 등으로 기존의 글로벌 대기업과는 다른 정체성을 지녔음을 강조한다. 또한 이들은 크라우드펀딩을 통해 브루독 고객들이 소비자에 머물지 않고 지분을 보유할 수 있게 하는데, 웬만한 맥주 축제 이상으로 흥겨운 주주총회는 브루독의 참여 문화가 근엄한 대기업과 어떻게 다른지 단적으로 보여준다.

전통산업에도 첨단 경쟁력이 있다

스마트 도시란 IT 기술을 기반으로 교통, 환경, 주거, 시설 등 일상생활에서 발생하는 문제들을 해결하는 미래형 첨단도시를 의미한다. 구

- 오전 5시의 성자聖者. 브루독 야간 근무조 직원들이 밤샘 근무를 마치고 아침조 직원들과 교대하기 전에 휴식을 취하면서 마시기 좋은 맛이라 생각해 지은 제품명.
- 죽은 조랑말 클럽. 기존 맥주와 전혀 다른 맥주임을 강조하기 위해 가장 맥주 이름 같지 않은 제품명을 떠올리는 과정에서 나왔다.

글, 애플, 텐센트를 비롯한 글로벌 IT 기업들은 스마트 관련 기술에 투자하면서 이 시장을 선점하고자 경쟁하고 있다. 특히 구글은 사이드워크 랩스Sidewalk Labs 같은 관련 스타트업들을 자회사로 흡수하면서 스마트 도시 관련 사업 진출에 적극성을 보이고 있다. 이들은 인공지능, 빅데이터, 헬스케어 등 혁신적인 컨셉을 앞세워 투자기관과 언론의 주목을 받으며 막대한 투자를 유치하곤 한다.

그런데 스마트 도시를 만드는 데 필수적인 기술을 보유하고 있는데도 세간의 관심에서 비껴간 기업이 있다. 바로 프랑스 광고회사인 제이씨데코JCDecaux다.

제이씨데코는 1964년 프랑스 리옹에서 만들어진 광고회사로, 특이하게 옥외광고만 취급한다. 75개국 이상에 진출해 북미를 제외한 모든 지역에서 1위를 유지하고 있다. 한국에서도 버스 정류장이나 지하철 광고판을 보면 'JCDecaux'라는 로고를 어렵지 않게 찾을 수 있다. 회사 이름 자체는 낯설지 몰라도 이미 한국인의 일상에 깊이 들어와 있는 기업인 셈이다. 제이씨데코의 2017년 매출은 약 4조 5000억 원 수준으로, 글로벌 광고업계 1위 기업인 영국의 WPP 매출이 20조 원 이상이고 5위인 일본의 덴츠Dentsu가 7조 원을 넘어서는 것과 비교하면 작아 보이지만, 옥외광고만으로 거둔 매출임을 감안하면 실로 엄청난 규모다.

옥외광고라는 니치 마켓을 독점했다는 사실도 흥미롭지만, 제이씨데코의 진정한 매력은 광고사업을 진행하는 독특한 방식에 있다. 제이씨데코는 도시의 버스 정류장, 공항, 지하철역 등의 공간에 대한 유지보수, 공공자전거 서비스 운영 등을 대행하는 대가로 시 당국으로부터 해당 공간의 광고운영권을 보장받는다. 즉 제이씨데코의 진짜 경쟁력은 공공시설물 관리역량에 있는 셈이다.

그런데 이러한 역량이야말로 스마트 도시에 투자하는 구글 같은 기업이 군침을 흘릴 만한 것 아닌가? 이들 기업은 스마트 도시를 운영하는 데 필요한 하드웨어, 소프트웨어, 관련 서비스를 무상으로 제공하는 대신 그 과정에서 획득한 데이터를 기반으로 광고수익을 내는 사업 모델을 지향하고 있기 때문이다.

겉으로 보기에 제이씨데코는 혁신기업과 거리가 있어 보이지만, 조용히 스마트 도시와 관련한 산업의 한 축을 담당하고 있다. 다만 화려하지 않기에 실제 기업이 지니고 있는 역량과 미래가치가 저평가되었다고 생각한다. 실제로 나는 제이씨데코의 장기적인 투자가치가 나쁘지 않다고 보는데, 판단 근거는 다음과 같다.

첫째, 아프리카, 남미, 동남아시아, 중국 등 이머징 국가에서는 지금도 도시화가 계속되고 있는데, 이들의 도시관리 역량은 현저히 떨어지는 만큼 제이씨데코가 제공하는 서비스에 대한 잠재적 수요가 높다.

둘째, 제이씨데코가 대형 쇼핑몰 등 민간 영역으로 사업을 확장하고 있다는 점도 주목할 부분이다.

　　　　　3부 직접 맛보고 즐기며 익히는 브랜딩 전략

셋째, 스마트 도시 운영의 근간이 되는 광고 플랫폼 관련 기술과 노하우를 많이 보유한 것에 비해 제이씨데코의 시가총액은 7조 원 수준에 불과하다는 점을 고려하면 구글 등의 인수합병 대상으로 적합하다.

기업 마케터들이 늘 입에 달고 사는 말이 있다. 광고 시장이 예전만 못하다고. 하지만 실상은 광고의 주요 채널이 지속적으로 바뀌고 있을 뿐이다. TV 광고 시장이 축소되었다고 하지만 시장 자체가 없어진 것이 아니라 그 자리를 유튜브, 인스타그램, 앱내in-app 광고, PPL 등 새로운 광고 시장이 성장해 대체할 뿐이다. 어쩌면 성장하고 있는 혹은 앞으로 성장할 새로운 광고 채널을 미리 탐색하고 발굴하는 것 역시 '마케터의 일' 아닐까? 일례로 오늘날 패션, 화장품 브랜드의 흥하고 망하고는 소셜미디어를 얼마나 잘 활용하는지에 따라 판가름 난다고 하지 않는가? 미래 우리 브랜드의 수명을 결정할 채널이 무엇이 될지 탐색을 게을리하지 말아야 할 것이다.

JCDecaux SA
EPA: DEC

30.00 EUR

제이씨데코 프랑스 증시 차트
세계 1위 옥외광고 전문 기업인 프랑스 제이씨데코는 공공시설물 관리를 대행하는 대가로 시 당국으
로부터 광고운영권을 보장받는다. 그런데 공공시설물 관리역량은 스마트 도시의 핵심역량이기도 하다.
혁신과는 거리가 멀어 보이는 전통기업이라 주가도 높지 않지만, 실상은 가장 첨단의 기술을 보유하고
있는 셈이다.

마케터에게, 유럽이란 무엇인가

유럽에 살기 시작한 후부터 줄곧 듣는 질문이 있다.

'유럽에 살기 좋아요?'

특별한 의미나 의도 없이 하는 질문이겠지만 대답하는 입장에서는 은근히 까다롭다. 유럽 중에서도 어디에 살고 어떤 상황인지에 따라 다르기도 하고, 사람 사는 곳이 어디나 그렇듯이 좋은 부분도 힘든 부분도 있기 때문이다. 그래서 난 그냥 이렇게 대답하곤 한다.

'배울 것이 많아요.'

최소한 나처럼 새로운 경험을 하고 그 과정에서 새롭게 배우기를 즐기는 사람이라면 유럽은 욕심내서 한 번쯤 살아볼 만한 곳이다. 여러 국가와 다양한 민족으로 구성된 유럽은 수많은 역사 유적, 풍부한 문화유산, 앞선 사회제도 등 배울 것이 참 많은 사회다. 마케팅은 늘 새로운 지식과 경험을 갈망하는, 혹은 갈망해야 하는 직무이니 마케터라면 유럽에 살아볼 것을, 적어도 여행할 것을 적극 권한다.

지금까지 마케터와 투자자 관점에서 내가 유럽의 여러 도시를 여행하며 관찰하고 경험한 것을 풀어놓았다. 그중에서도 가장 인상적인 것은 무엇일까, 글을 마무리하며 새삼 생각해보았다. 마케터로서 내게 특히 와 닿았던 것을 꼽아보니 다음의 3가지로 정리되었다.

지속가능한 경영이란 무엇인가

잘 알려졌다시피 유럽은 지속가능한 경영을 도입하는 데 가장 적극적인 사회다. 따라서 지속가능 경영을 배우기에 가장 적합한 장소다. 어느 사업도 예외가 아니다. 이곳 마트와 슈퍼마켓에서도 탄소 배출을 최소화하는 방식으로 매장을 운영하고, 직원들의 복지를 향상시켰으며, 친환경, 로컬, 유기농 먹거리의 비중을 높여가고 있다. 그리고 무엇보다 기업들의 이러한 시도를 지지하는 소비자들이 있다.

이곳에서 나는 지속가능 경영이란 결국 좀 더 행복한 사회로 나아가고자 하는 사회 구성원들의 노력의 일환이라는 사실을 깨달을 수 있었다. 어떤 행복인지 잘 와 닿지 않는다면 이렇게 생각해보면 어떨까. 일반 와인만 마시다가 내추럴 와인을 알게 되었을 때의 행복. 인근

농장에서 오늘 아침 짜낸 신선한 우유와 갓 생산된 요거트를 동네 슈퍼마켓에서 손쉽게 살 수 있을 때의 행복. 그런 소소한 행복 말이다.

브랜드 경험이란 무엇인가

유럽은 '브랜드'라는 개념이 탄생한 곳이다. 럭셔리 브랜드의 본고장 파리, 각종 빈티지 브랜드로 가득한 런던, 미니멀한 라이프스타일 브랜드의 도시 코펜하겐… 마케터라면 응당 방문해야 하는 브랜드의 교본 같은 도시들이 유럽에 즐비하다. 유럽 기업들이 유서 깊은 브랜드를 관리하는 법, 새로운 브랜드를 만들고 키워내는 법, 브랜드를 매각하거나 외부 브랜드를 인수함으로써 기업 전체의 브랜드 가치를 높여가는 법 등을 눈앞에서 관찰할 수 있다.

이렇게 말하면 굉장히 거창해 보이지만 그저 피렌체의 구찌 가든˙에서 점심을 먹거나, 하이네켄 익스페리언스에서 한잔하는 것, 코펜하겐의 뱅앤올룹슨 매장에서 최고 수준의 사운드를 들어보는 것도 모두

˙ 피렌체의 유서 깊은 메르칸지아 궁전Palazzo della Mercanzia에 위치한 일종의 복합문화공간. 구찌 플래그십 매장, 구찌 역사박물관인 구찌 뮤제오Gucci Museo, 구찌 오스테리아 다 마시모 보투라Gucci Osteria da Massimo Bottura 레스토랑으로 구성돼 있다. 이 레스토랑은 현존하는 세계 최고의 셰프 중 한 명으로 꼽히는 오스테리아 프란체스카나Osteria Francescana 레스토랑의 오너 셰프 마시모 보투라가 담당하고 있다. 구찌의 주요 테마인 '여행'을 음식으로 풀어내는 레스토랑으로, 마시모 보투라 셰프가 여행에서 얻은 영감으로 창작한 요리들을 제공한다.

홀륭한 브랜드 경험이다. 다른 곳에서는 불가능한, 오직 유럽에서만 가능한 경험이니 마다할 이유가 없다.

투자감각이란 무엇인가

여행을 하면서 새삼 느낀 사실은 유럽이 투자감각이 뛰어난 사회라는 것이다. 투자감각이란 결국 투입되는 자본, 시간, 노력 대비 높은 성과를 이끌어내는 역량일 것이다. 작은 국가들로 이뤄진 유럽은 미국이나 중국과 달리 거대한 내수시장도 없고 노동력, 지하자원, 자본력 등도 풍부하지 않다. 그런 터라 보유하고 있는 것들을 효율적으로 쓰는 과정에서 투자감각이 발달한 것 아닐까?

이러한 투자감각은 유럽 기업들의 브랜딩 방식에도 투영되어 있다. 미국처럼 막대한 자본을 쏟아붓는 블록버스터급 브랜딩 대신 저비용 고효율의 창의적인 브랜딩 전략이 선호된다. 한국 역시 가진 것이 많은 나라는 아닌 만큼 유럽을 여행하면서 배운 그들 특유의 투자감각은 한국의 마케터들에게도 도움이 되지 않을까?

지속가능한 경영, 브랜드 경험, 투자감각, 이 3가지는 얼핏 큰 연관성이 없어 보이지만 마케터라면 하나도 놓쳐서는 안 될 것들이다. 이렇게 자신하는 이유는 다름 아닌 나 자신을 마케터로서 차별화할 수 있도록 도와준 고마운 역량이기 때문이다. 유럽에서만 할 수 있는 경험과 지식과 감각을 갖춰가면서 남들과는 조금 다른 시야를 가진 마케터가 될 수 있었다고 생각한다.

과거의 마케팅은 일종의 전문지식이자 기술이었지만 이제는 누구나 알아야 하는 상식이 되었다. 세상 모두가 무언가를 마케팅한다. 그 '무언가'에는 자기 자신도 포함된다. 그런 와중에 마케터를 직업으로 삼은 사람이라면 차별화에 대한 노력이 습관이 될 정도로 해야 하지 않을까. 그래서 많은 마케터들이 디자인 감각을 키운다거나 데이터 분석 능력을 갖추는 등의 노력을 하고 있는데, 유럽 여행 역시 마케터의 차별성을 높이는 멋진 수단이 될 수 있다.

아침에는 커피를 마시고 저녁에는 마트와 슈퍼마켓을 둘러보고, 새로운 가게가 들어서면 궁금해하고 새로운 먹거리를 맛보며 지금 이 순간에도 나는 최고의 여행을 하고 있다. 정말 많이 보고 많이 배웠다. 이 책과 함께하면서 여러분도 그러하였기를 바란다.

마케터의 여행법

2019년 1월 15일 초판 1쇄 발행
2019년 10월 23일 초판 4쇄 발행

지은이   김석현
펴낸이   권정희
펴낸곳   ㈜북스톤
주소   서울특별시 성동구 연무장7길 11, 8층
대표전화   02-6463-7000
팩스   02-6499-1706
이메일   info@book-stone.co.kr
출판등록   2015년 1월 2일 제2018-000078호

ⓒ 김석현
(저작권자와 맺은 특약에 따라 검인을 생략합니다)
ISBN 979-11-87289-50-0 (03320)

북스톤은 세상에 오래 남는 책을 만들고자 합니다. 이에 동참을 원하는 독자 여러분의 아이디어와 원고를 기다리
고 있습니다. 책으로 엮기를 원하는 기획이나 원고가 있으신 분은 연락처와 함께 이메일 info@book-stone.co.kr
로 보내주세요. 돌에 새기듯, 오래 남는 지혜를 전하는 데 힘쓰겠습니다.